さらば！虚飾のトリックスター

「橋下劇場」の
幕は下りたのか？

前大阪市長
平松邦夫

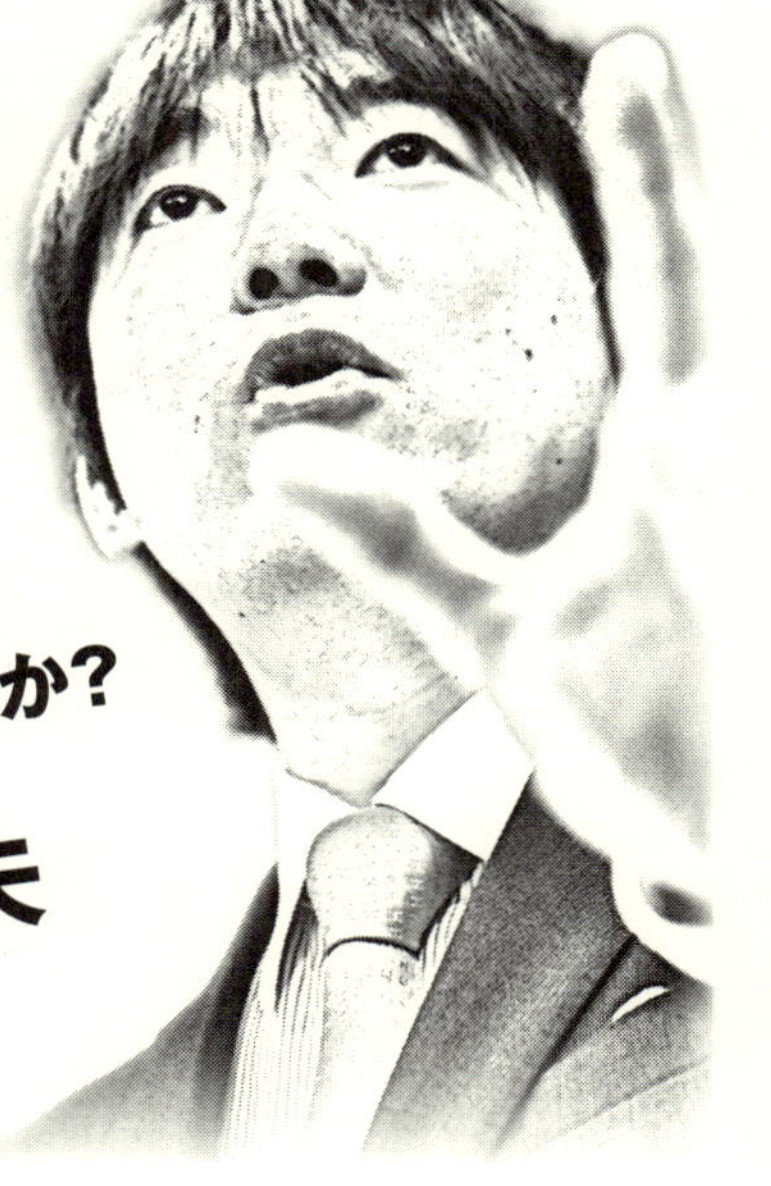

ビジネス社

目　次

もくじ

はじめに

大阪を良くすれば日本が良くなるとの思いから

「府・市協調」を目指していた2人だったが……

読者のなかには、本書の刺激的なタイトルから誤解をされる方もおられるかもしれないので、冒頭ではっきりと申し上げておこう。

来る2015年11月22日には、全国的に注目される大阪府知事と大阪市長のダブル選挙があるが、本書はそれに向けたいわゆる「選挙本」ではない。あるいは稀代の政治トリックスター橋下徹氏への、彼の「政敵」（私もその1人であったが）による「批判本」でもない。橋下氏と私との8年弱にわたる関係を検証し、もって明日の大阪、関西、そして日本を、危機感をもって考えるための本である。

11月の大阪府知事・市長のダブル選挙の結果がどうあれ、むしろその後にこそ読んでいただきたいと願っている。

ここで、私が本書を書くにいたった、いやどうしても書かなければならないと思い立った動機と経緯について、まずは述べておきたい。

私は最初から橋下徹氏の「政敵」ではなかった。いや、むしろ橋下さんは大阪府知事として、私は大阪市長として、ともに「大阪」をより良くしていこうと語りあった仲であった。
私の市長時代に、水都大阪の復活を大きく宣伝する「水都大阪2009」のイベントに向けたポスターがつくられた。これは、私とそして橋下さんが手を携えて目指していた、まさに「府・市協調」のシンボル的ポスターともいえる（上の写真）。
このポスターを決めるについて、こんなやりとりがあった。
事前にこのイベントの担当職員が、3種類の「ポスター案」をもってきた。「市長はどれが良いと思われますか」と訊ねたので、即座に、「橋下さんと私が水から顔を出している、これやろ。これしかない」といってこう付け加えた。「橋下さんも、絶対にこちらを選ぶに決まっている」。

結果はその通りになった。お固い行政、中でも不幸せ（府市合わせ）と揶揄される大阪のツートップが同じポスターに登場する。おどけた表情で「いらっしゃーい！　と言ってください」というのがカメラマンの注文だった。

民間出身の行政トップとして、私はわずか数カ月の先輩ではあるが、就任初期に2人を結びつけてくれたある人物がいた。

その人物とは、今は亡き、あの「やしきたかじん」さんである。

その経緯を記憶をたどりながら振り返ってみる。

私と橋下徹知事がやしきたかじんさんの家に招かれたのは橋下知事誕生の2008年、鱧《はも》すきでもしようかという提案だったので季節は夏だったと思う。

たかじんさんはご存知の通り、テレビのバラエティー番組の司会者として八面六臂の大活躍で視聴率男の異名をもつ、関西きっての人気タレントであり、読売テレビの看板番組「そこまで言って委員会」での歯に衣着せぬ毒舌で人気を博していた。

このとき3人で何を話したのか具体的には覚えていないが、2人が「大阪を良くする」ためにいろいろ話しているそばで、たかじんさんがニコニコしながら静かに眺めていた記憶はある。

何度目かの会食の際にたかじんさんに聞いた。「橋下さんの背中を押したのはたかじんさんだと聞いてるけど、どんな言葉やったの」。それに対し彼は「大阪のために爆死してこいや！」と言ったと明かしてくれた。いかにもたかじんさんらしい「喝！」と感じた。

私と橋下さんの仲のよさを演出してくれたこんなシーンもあった。

2008年8月29日の大阪城ホールで行われた読売テレビ50周年ライブ『たかじんプロデュース〝Koi-con〟』。たかじんさんが、およそ6年ぶりに歌手活動を再開させた記念すべきイベントで、唄い終わった彼が「さあ、今夜は、サプライズなゲストをお呼びしています」と言うと、会場は一瞬、静まった

「くにおちゃんと、とおるちゃんです！　どうぞ」

たかじんさんのこの口上の段階では、会場の人々は、「あの漫才コンビ酒井くにお・とおるがきとったんかいな。なにがサプライズや」と思ったに違いない。しかし、登場したのは、くにおはくにおでも平松邦夫、とおるはとおるでも橋下徹だった。そして、たかじんさんが私たち2人の手をとって握手をさせると、会場はさらに沸いた。

そんな、仲のよさをアピールする行事はいくつもあったが、知事、市長というそれぞれのなすべき基本部分で相容れない要素があり、溝が深まっていく。そのきっかけとなったのは、府と市の水道統合問題だった。詳細は本文に譲るが、ここでの橋下さんの不誠実な対応に私は不信感を

抱いた。

以降橋下さんは私への接触を断ち、私もあえて修復しようとは思わなかった。大阪の多くの人が2人に抱いた期待は、歴史的に仲が悪かった府と市の関係(府市合わせ=不幸せ)の解消である。「2人が大阪を変えてくれる」と。だから2人の離反は、多くの府民、市民を失望させることにもなっただろう。

その後「大阪維新の会」を立ち上げた橋下氏の勢いは凄まじく、2人を引き合わせたたかじんさんはメディアでの兄貴分的な関係から橋下さんの応援に回ったのも当然だと思う。

ところが2013年の春、テレビ出演を休んでいたたかじんさんが一時復帰する「そこまで言って委員会」から、ヨットでの太平洋横断のための休演した辛坊治郎氏の代わりに司会をお願いしたいという出演依頼がきた。私への依頼をたかじんさんが了解しているのかとプロデューサーに確認すると、当然だという。もちろん引き受けた。しかし、2013年5月5日に放映された回が、たかじんさんの姿を見る最後の場となった。「復帰」で次週も収録があったらしいが、その委員会収録後はすべてキャンセルとなった。しばらくして、たかじんさんが亡くなられたことを知る。

「大阪を良くしよう」という思いだけが共通で、そこへのアプローチの違いが決定的な断絶となったのだが、この違いは現在の日本を覆う大きな亀裂や価値観の違いにも繋がるものかもしれないと本書を書き進めながら思った。ひとつの到達点として起きたのが「大阪都構想」とそれをめぐる「住民投票」だといえる。その詳しい検証は本文をお読みいただきたい。

「市民協働」の理念を実践するよろこび

私には、まだまだ大阪市を良くしようということに「未練」がある。といっても、再び市長選に出ようというのではない。住民投票運動のさなかに「この人」に大阪市長をやってほしいという人を見つけたこと、何としてでもダブル選挙で（この本が書店に並ぶ頃は選挙戦の真っ最中であろう）、「維新の会」のトップから大阪の良さをわかる人に代わってほしいという運動をやっている最中だと思う。

私にとって、大阪市を愛している市民の間を走り回る市長の仕事は楽しかった。19年近く関西ローカルニュースのキャスターをしていた私だが、スタジオの中から大阪市のことを見てはいたものの、「市民協働」を旗印に掲げ、「チーム」を編成して、土・日を問わずあちこち出かけて直接お話を聞くことが楽しくて仕方がなかった。そんな動きは、市長にならなかったら味わえない市民とのふれあいの機会をいくつも与えてくれた。小さな動きの積み重ねが、行政に対する市民の不信感や、職員のやる気に必ず影響を与えるはずだという思いからの動きだった。

住民投票の反対運動で久しぶりに街頭行動をした際に、市長時代のそうした活動に参加して下さった市民の方と何人も出会うことができた。その方たちから「市民協働チーム」の活動を通じて、大阪市がますます好きになったといわれると疲れも飛ぶ思いであった。

私が提唱し、実践した「市民協働」とは、こういうことである。何も大層な理念ではない。とにかく、ええ街なんです、大阪は。そんな思いを、都市プロモーションを仕掛けた在阪外国領事館の人たちや、出張で出かけた海外でいつも話していた。人の情けがあふれ、助け合いの心は変わらず失われていない。私の動き方は大都市では限界があるのは承知していたが、この積み重ねが必ず街を良くする、それを信じていた。

居心地の良い大阪という街に暗雲が漂ってきたのは、突如現れた新興政治勢力である「大阪維新の会」とそれを率いる橋下徹代表たちが声高に叫び始めてからである。「改革」「既得権の破壊」「府と市の二重行政の解消」などなど、耳目を集める美辞麗句や攻撃的なフレーズのオンパレード。

長引く不況、デフレ経済、リーマンショックといった流れの中で、多くの市民がこれに飛びついたのは無理からぬことだと思う。「待ってたんや！　そういう活きのいい奴を」。そんな空気が充満するのに、あまり時間はかからなかった。〝維新の風〟の勢いは強まる一方となった。

橋下氏はじつに巧妙だった。「悪いのは大阪市、標的は公務員」と、まことに単純に生贄をこしらえ、市民の前に差し出した。彼らの掲げるスローガンが「疑似餌」であることに気づく人は少数である。彼らのつくった潮流はメディアも巻き込んで「民意」を増幅させていった。その橋下さんの放った極めつけの決定打が大阪市を潰してしまうという「大阪都構想」だったのである。おかげで、大阪市民は不毛な論争に身を置く事になり、かつ、市民の間には深刻な亀裂が走った。「府市統合本部」のような力ずくで大阪市を廃止する組織ではなく、お互いの確執があったとしてもそれを乗り越えるための「府市協議会」を機能させていたならば、もっと有効な地域活性策や、中小企業施策などを打てたはずなのに、もったいない……これが実感である。

彼我の確執を超えて、先に進む指針としたい

稀代の政治トリックスター橋下徹氏は、メディアと社会の発する奇妙な〝摩擦熱〟が起こした化学反応から生まれたといえるだろう。その化学反応とは、「弱者を切り捨てる政策を、弱者が支持する」破滅への協調ではないのか。何としてでも社会のありようを創造への協調に変えなければと私は思う。人を攻撃することで自らの存在の延命を図るような都市は、ほとんどSFの世界である。

異様な触媒（社会風潮）に助けられてより強烈になった「橋下的なるもの」は、市民が孵化させた市民の子どもなのではないだろうかというのが私の疑問である。そこにこの数年間、大阪市

が抱え込んだ根深い問題があるとも思う。

だから、大阪市を解体の瀬戸際に追い込んだのはひとり、橋下氏だけのせいではない。彼を支持した社会の側にも大きな責任があるともいえる。

今年の5月17日に行われた大阪市の住民投票。「大阪都構想」、正確には「大阪市を廃止し5つの区に分割する」ことの是非が問われた住民投票の結果は反対派の辛勝と報じられてはいるが、本書で明らかにするように勝てないはずの戦に反対派が勝ったというのが正直なところだと思う。大阪市はかろうじて解体をまぬがれた。ひと安心であるが、ことは大阪だけの問題なのではなく、自己責任、自立を標榜する人々が一定の支持を得ているかぎり、規模は違えど全国に波及する。

「橋下的なるもの」は決して死んだのではない。彼らは間違いなく、再度「都構想」なるマジックを仕掛けてくる。

先日、大阪市内の全戸に配布されたとみられる11月22日の大阪ダブル選挙向けの維新のチラシには大きなタイトルで「過去に戻すか、前に進めるか」「思い出してください、大阪自民党がやってきた昔の政治を」などと、相も変わらずの扇情的なコピーが躍っていた。

あれだけのエネルギーを使った「政令指定都市解体のための住民投票」で失敗したにもかかわらず、彼らは、またもや同じことを仕掛けようと手ぐすねを引いて待っている。僅差であったことに大きな未練を持つのは当然だとも思うが、では17日深夜の笑顔の敗北宣言は一体何だったのだろうか。もちろん、政治家引退宣言を字句通り信じるほどお人好しではないので、それ以降の橋下氏を中心とする維新の会の動きはある程度予測はできた。

しかし、橋下氏に関していうと、この間、明らかに切れ味が鈍っているとしか思えない。単に過激な言葉を連ねるだけでは訴求力もないし、「おおさか維新」と「東京維新」の不協和音に関しても誰のために政治はあるのかという基本から外れているように感じる。

この大阪ダブル選挙では橋下氏は出馬せず、あちこちで街頭演説やらタウンミーティングやらを仕掛けるのだろうが、他を攻撃するだけの口調や、住民投票の際に維新が使った各種の詐欺的なパネル解説など、もうとっくにネタがばれているものをまたぞろ引っ張りだすのだろうか。

でたらめで、空疎な「大阪都構想」の復活を許せば、それは大阪にとどまらず、日本全体の地方自治と市民主権にきわめて重大な影を落とすことになる。それだけは、なんとしても阻止しなければならない。

10月16日、私の支援者が集う「翔の会」のパーティが開催された。その席上で私は反維新の大きな支援グループを結集するために知事選へは出馬せずと発表した。ひと月以上前の9月8日に「知事候補を早く反維新でまとめてほしい。相手（現職）はまたぞろ都構想を持ち出そうとしている。統一戦線を作らないと維新の思うつぼになる」と知事選出馬準備開始を発表していた。10

月12日に自民党府連で栗原貴子さんの出馬が正式に決まり、私の出馬で反維新の票が割れることをおそれ、パーティの席上で私は不出馬を発表した。

「私は応援団に回ることにしよう」

本書を執筆しながら、つくづく考えた。今は亡きたかじんさんは、大阪をぜひ2人の力で良くしてほしい、「おふたりさん、頼んまっせ」ということで私たちを引き合わせたのだろう。それがなぜ、今は水と油のように反発し、反目し合うようなことになったのか。

思うにそれは、私と橋下氏の個人的な確執を超える、日本の社会がかかえる問題と課題が2人に投影されたからではないか。徐々にそう考えるに至った。2人だけの問題ではない、大阪だけの問題でもない、日本全体のかかえる深刻な問題だ。格差拡大傾向が続く中を、グローバリズム、新自由主義がもてはやされる流れの中で、社会的共通資本を大切にする公共のあり方こそ社会の安定のために必要と胸を張って主張できる勢力が育たねば、この国は危ういという思いである。

それならば、もう一度、大阪のこの間の流れを複眼的に検証し直そう。単なる橋下批判に終わらせずに、前に進む指針の書にならないか。その思いが私の中で強くなった。そうして出来上がったのが本書の最終形となった。その出来不出来は書いた本人にはわからない。ぜひとも、読者諸氏のご批判とご鞭撻をいただきたいと思うしだいである。

２０１５年10月吉日　平松邦夫

第1章

「都構想住民投票」僅差のNO！の歴史的意義

薄氷の「勝利」

２０１５年5月17日、いわゆる「大阪都構想」の賛否を問う住民投票が行われた。事前の世論調査ではすべて反対派の優勢が伝えられていたにもかかわらず、私たち反対票運動をしていた側から見ると実感は乏しかった。実は私自身も「結果」について悲観的になっていた。しかし、反対派が１万７４１票の僅差で勝利した。大阪市民は橋下維新の大阪都構想を受け入れなかったのである。

投票結果は、反対70万５５８５票（50・38％）、賛成69万４８４４票（49・62％）であった。まさに薄氷を踏む思いの「勝利」といえる。

私は反対派陣営の一角に位置し、自分の選挙でもやったことのない長期間でしかもボランティア中心の、地べたを這うような運動を戦い抜いただけに喜びもひとしおであった。事務所のテレビで開票を見ていた私は、確定票が出て、勝利がハッキリしたときから、まるで夢遊病者のようにほうけた状態で、空中遊泳でもしているような感覚であったことを覚えている。

今回の大阪市の住民投票で反対票が上回った意味は大変大きく、また、考えるほどにその歴史的な意義の深さを実感している。なぜかといえば、この住民投票は大阪市という政令指定都市の存否についての民意を問うただけではなく、市民に自分たちの町の生殺与奪に関する最終決定権を与えた法律に則って行われた点であり、これからの日本社会のありかたについて、わが大阪がその先駆けとなって、民意が問われ、その方向が僅差ではあるが示されたと思うからである。

このことに関する考察は次章以下でも深く掘り下げていくので、まずは当事者の１人として、今回の住民投票について、できるだけ精確なプロファイリングを試みたいと思う。

すなわち、住民投票でいかなる「民意」がどう示されたのか。

「シルバー民主主義の勝利」は真実にあらず

投票終了後、大阪はシルバー民主主義で勝利したと、あまり根拠のない分析が一部マスコミで流され、既得権の固まりのように高齢者が揶揄された表現がなされたのはご存知だろう。それを見た瞬間に、出口調査アンケートをいきなりすべての投票結果に結びつけて解説する乱暴さと、素早く反応することのみに価値観を見出す傾向を恐ろしくすら感じた。案の定、これは正しくなかった。

朝日新聞の２０１５年7月17日付のデジタル版は、その投票内容について次のように報じている。

5月にあった大阪都構想の住民投票では、30〜40代の投票者が計48万5579人で、65歳以上の高齢者の46万2403人を上回っていたことがわかった。報道各社の出口調査では、都構想反対の割合が高齢者層で高く、若い世代にツケを回しがちな「シルバーデモクラシー（高齢者の民主主義）」との見方も出たが、そう単純ではなさそうだ。

大阪市選挙管理委員会が17日に発表した、年代別の投票行動分析で判明した。

住民投票の投票率は66・83％。橋下徹市長と平松邦夫前市長が都構想の是非で争った2011年の市長選を、5・91ポイント上回った。

全投票者が対象のため、約5％のサンプル調査だった11年市長選と単純比較はできないが、年代別で投票率が最も伸びたのは40代の9・17ポイント増（今回68・64％）で、30代が8・15ポイント増（同60・93％）。50代は7・81ポイント増（同74・66％）、20代が7・69ポイント増（同45・18％）と続く。70代は1・42ポイント増（同78・53％）、80代以上は1・7ポイント増（同55・26％）だった。

5月11日の産経新聞による性別、年代別の賛否調査の数字もあるが、これを見ると20代、30代の女性の反対比率が非常に高いことがわかる。これが投票結果にどう反映されたかなど、様々な分析を経て初めて実態に迫れるのではないかという当然の思いである。二項対立、決めつけ論調を是とする風潮を嘆かざるを得ない。

自治体問題研究社がこの9月に出版した『2015秋から大阪の都市政策を問う』の中で関西学院大学の冨田宏治教授が詳しく分析している。前述産経新聞の調査に触れた後、投票日当日の出口調査では、20代女性の賛成比率が56・3%、30代で55・3%になっていることを紹介。僅か一週間で大きな逆転要素があったことは考えづらく、冨田教授は最終盤の「橋下徹を見殺しにするな」という煽情的なメッセージによって若年賛成者の多くが投票所に足をはこんだということ、これに反して20代、30代の反対層は残念ながら投票所には足を運ばず、棄権に止まったということにすぎませんと分析されている。（同書20ページ）

橋下市長は圧勝を確信していた⁉

さまざまな分析が多くの方たちの手で既になされている中で、こうした振り返りをするにあたり、私たち反対運動を繰り広げた側に共通する思いは、あらゆる仕掛けが「賛成票」に有利に動いている中でよくぞ勝ったという感覚である。それ故に私と私の周囲のボランティアの人たちの実感を残しておくことが、きっと将来の「恣意的」な、あらゆる手段を用いて強者の論理を通そうとする動きに抗するヒントになるかもしれないと思う。

政党的枠組みでみると「大阪都構想」、その実は「大阪市廃止・分割構想」を何としてでも進めたい橋下市長率いる大阪維新の会（維新の党）、反対するのは自民・民主・共産の3党である。公明党は投票自体に賛成、内容は反対、しかし、終盤まで表立った反対行動はとらなかった。だからといって、「こちらは全野党連合だから有利」という見方はしなかった。

実際、運動のさなか、私と一緒に街頭活動に参加した人たちの実感は、およそ芳しいものではなかった。運動に加わってくれた人のほとんどが、当初は「反対票陣営」が負けると感じていたと思う。一有権者という立場を越えて運動の渦中に身を投じた大学の先生や知識人たちも、運動当初は手探りの部分が多く、市民に足を止めてもらい話を聞いてもらうためには何をポイントにすれば良いのかを試行錯誤する毎日だった。私はホームページやSNSを通じて訴え続け、統一地方選挙が終わったあたりから、運動当初よりは手応えは感じていたものの、「都構想」という刷り込まれた巨人にチクチクとつまようじを突き刺しているような日々であった。（本書第7章で、私がモデレーターをつとめた「5・17直後のシンポジウム」を再録しているが、開票当日の緊迫感などについてはそちらをご参照ねがいたい）

一方で橋下市長はたぶん圧勝すると考えていたと思う。彼は僅差で勝つなんて考えていない。勝つなら圧勝だと。したがって、最終盤で橋下市長が、「負けたら政治家を辞める」と強調し始めたのは、敏感に劣勢を感じ取った彼ならではの「一番同情票を集めることができる切り札」を使い始めたと警戒した。

当然、出口調査の動向にも注目していた。今回、期日前投票は通常選挙よりも長い19日間（告示翌日の4月28日から）あった。期日前出口調査を各紙・各局が実施していた。調査によってバラつきがあるのは当然だが、相対的に都構想反対派が優勢だと伝えられた。一番差が大きいところでは10ポイント以上も反対派が上回っていたという。街頭現場の私たちの感覚とはだいぶ違うと感じたものの、逆の数字が出るよりは心強かった。

維新の陣営はこの期日前投票の調査結果を見て焦ったことだろう。危機感を抱いて、在阪放送局でテレビコマーシャルをバンバン打ったり、連日の折り込みチラシ、ネットＣＭやバナー広告などに注力し、全国の維新の党関係者に動員をかけ、揃いのオレンジのＴシャツに身を包んだ人たちが大阪市内を闊歩していた。そうした運動に政党交付金を４〜５億円も使ったといわれている。しかし結果は、圧勝するはずが僅差で負けたのである。

なにしろ、通常の候補者名を書く選挙とは違い「賛成」か「反対」かのいわゆる「二者択一」であり、投票用紙には「大阪市の廃止・分割」という一番大きなポイントすら書かれておらず、「大阪市における特別区の設置についての投票」という表記であった。

投票用紙の注意書き1には「特別区の設置について賛成の人は賛成と書き、反対の人は反対と書くこと」と書いてある。賛成が1票でも上回れば大阪市がなくなることが法的に決められてしまうという大きな問題であるにもかかわらず、理解の浅い人にはまるで「大阪市は残るけど特別区になるのだな」という投票であるかのように読めると取れないだろうか。

そして、今回、関係者の誰もが驚いたのは投票率の高さだろう。

普通の住民投票では、今回のような66・83％もの投票率は考えられないことだからである。だが、この投票率の高さをただ喜んでばかりはいられないのも確かだ。

なぜか。

投票率のアップは、橋下氏の人気に負うところが大きいことは否定できない。それも彼の力であることは認める。2011年秋の私と橋下氏が戦った市長選では投票率は10ポイントぐらい上がったが、今回はさらにそれを上回ったのである。

これまでは橋下氏が政治の舞台に現われて以来、各選挙で投票率を上げ、その上がった分が、ほとんど彼の票になる、維新の票に化けるという図式ができあがっていた。

ところが今回は、投票率を上げたにもかかわらず届かなかったのである。この図式の変化が意味するものは何なのか。大阪市民の橋下氏を見る目が劇的に変化したのだろうか？

「100万円で地域団体を買収」のデマ宣伝

こうした市民の気付きかもしれない部分を考えるのに参考になる記事がある。ふたたび、朝日新聞のデジタル版を見てみよう。日付は、住民投票が終わって4カ月ほど経た9月23日である。

22日午後、大阪市中心部にある大阪城を望むビルの会議室。大阪市の24区に張りめぐらされた自治会組織「大阪市地域振興会」（地振）の会合が開かれた。

「いち早く反対でとりまとめていただいた。心から感謝申し上げます」

「大阪都構想」の住民投票で反対運動の先頭に立った北尾一会長があいさつすると、拍手がわいた。都構想が実現すると、大阪市はなくなり五つの特別区になる。住民投票が頓挫し、24区が残る安堵（あんど）が広がった。

2008年1月の大阪府知事選。北尾氏は政界に進出した橋下徹氏の応援演説に立った。「非常にさわやかで礼儀正しい青年」と評価。だが、橋下氏が出た11年の大阪市長選では、現職の平松邦夫氏を支援した。

橋下氏は市長に就任すると、市の助成を受ける各種団体を「既得権」とみなし、補助金の見直しを進めた。ボランティアで地域のイベントや防災を支える地振（大阪市地域振興会）も対象となった。橋下氏は今年3月の街頭演説で「僕と平松さんが戦った市長選。町内会に現金100万円領収書抜きで配られた」と地振を攻撃。地域のイベントに充てる交付金だが、あたかも集票の見返りに金を受けたかのような発言が北尾氏らの怒りに火をつけた。

この記事の後半部分、2011年11月の市長選で私が町内会に100万円をばらまいたというのはまったくの事実無根であり、名誉毀損にあたると、生まれて初めての提訴に踏み切ったのは3月の下旬であった。

ちなみに橋下氏はこの発言を何度か繰り返している。私が確認した1度目は2015年3月7日、西淀川区の新佃公園で行われた維新の会のタウンミーティングで飛び出した。

「町内会に平松さんの選挙のときに現金100万円配られたのをごぞんじですか。領収書なく配っています。どのように使われたのか、まったくわからない。全町内会に100万ずつ配っているんです」

2度目は3月9日、浪速区の「ザ・グランドティアラ大阪」で行われた同じく大阪維新の会のタウンミーティングにおいてもこう語ったという。

「3年前の大阪市長選挙。僕と平松さんが戦った大阪市長選挙。町内会に現金100万円領収書抜きで配られています。皆さんの税金で。使い道わかりません。領収書を求めずに役員の方に（一部の方と後に言い換えているが）全部配っています。（中略）平松さんのときはよかった。領収書もなく100万円配られて」

まるで私が市長選のさなかに、公選法違反の買収行為をしたかのようにとられる発言をしたのは、意図的に私の社会的評価を下げる目的であり、事実に反すること。そして、「いっしょにやりまひょ！」を合い言葉に、市民協働の担い手になってくれた多くの市民をも愚弄、分断するもので、とても看過できるものではないと、提訴理由を説明するため市政記者クラブで代理人弁護士とともに会見した。

彼は、人を貶めるこの手のウソを平気でつく。そこに良心の呵責などは感じられず、「選挙とは殺すか殺されるかという究極の争いなので、そのさなかでは自らが優位に立つためにはどんな表現も許される」と信じているようだ。これが政治家としての彼の信条かもしれない。しかし、自治体の長としての姿なのだろうか。3月下旬に仮処分申請を含む民事・刑事を提訴、6月1日付けで動画削除の仮処分は出たが、損害賠償など本訴は本書執筆中も継続している。

おそらく橋下氏は2011年秋の市長選で地域振興会が私を応援したことに腹を立てていたのだろう。とはいえ、地域住民の分断を図るためとも取れるこうした発言は「都構想」と名付けた

「大阪市廃止・分割構想」の住民投票で何としてでも勝利するための手段を選ばない表れでもある。〝買収行為の片棒を担いだ〟ことにされた地振の北尾会長が怒ったのも当然である。町内会組織である地振が政治活動に公然と名乗りを上げることはないが、この住民投票は自らの暮らしと直結している大阪市がなくなってしまうかもしれないという大問題であり、協定書が通ってしまうと明らかに市民に不利益をもたらすという判断からである。

行政当局と市民を結ぶ重要なパイプ役を果たしてきた住民自治組織のまとめ役の皆さんが、住民投票に際し、反「都構想」でまとまったことは大きかった。

ついでにいっておくと、人を貶めるためウソとデマを平気でつく橋下流の得意技は、私の家族にも発揮された。私の自宅近くにタウンミーティングと称して街宣車をとめ、同乗していた松井知事ともども「平松さんは市長として何もしなかった」「この辺に住んでいるんですよね」「出てきてください。討論しましょう」と笑顔で2時間にわたり大音響で繰り返した。たまたま私は不在であったが、自宅にいた妻はこれで心を折られた。

こうした橋下陣営のデマ攻撃は彼らの常套手段であり、相手を敵に仕立て上げて徹底的に叩き潰すという手法は一貫している。しかしながら、2011年秋の市長選に敗北し、大阪市長の座を明け渡した私からすると、この時点で橋下人気はまだまだ衰えていないし、住民自治組織を構成する市民1人ひとりに橋下氏の真の姿はまだ見えていなかった。それがようやく少し実を結んだのが、支持政党がどうこうという狭い解釈を超えて、あらゆる人たちの自主的な動きを生み出した今度の住民投票ではなかったのかと思う。

消えては浮かぶ「大阪都構想」

橋下氏が府知事そして市長として君臨したこの7年半の間に大阪は「改革」というマジックワード一色で、本来の行政がなすべき市民のいのちと暮らしを守るという主題とは違う方向に流れていったのではないか。選挙のあった２０１１年６月の維新の会の資金パーティで「大阪市の権限と財源をむしり取る」という発言通りに邁進した流れの総仕上げとして、彼らが目論んだのが「大阪都構想」だと私は考えているし、住民投票での街頭活動でこうした点も訴えた。

ここであらためて、「大阪都構想」がいかなる目的で提唱され、いったん消えかけ、またゾンビのように息を吹き返し、住民投票に至ったのかをふり返ってみる。そもそも「都構想」とはという検証は次章に譲り、ここでは「都構想」の是非をめぐって住民投票へ至る経緯と経過をたどってみる。

２０１０年に大阪維新の会が鳴り物入りで打ち出した「都構想」は当初、大阪市を8～9分割、隣接する堺市を3分割、さらに大阪市の周辺9市、松原市、八尾市、東大阪市、大東市、門真市、守口市、摂津市、吹田市、豊中市を特別区とする大阪都20区を設置するという構想だった。

維新が提唱した「大阪都構想」は府の研究会などで議論されることになった。当時大阪市長在任中の私は当然、反対の意見表明をした。上から目線での統治機構改革議論は統治する側にとって有利な制度を確立するためのものであり、長年中央から権限と財源の委譲を求め続けて来た地方自治の本旨とは対極にあると思っているからである。

そのなかで、前述した2011年秋の府知事と市長のダブル選挙が行われ、知事を辞任して出馬した橋下氏が新市長となり、知事には、池田市長を辞し出馬した倉田薫氏を破って維新の松井一郎氏が当選した。これで、「都構想」推進の2人がツートップになったわけで、「都構想」の論議は一気に加速。

実際、翌2012年の8月には、選挙上手の橋下氏の勢いに恐れをなしたのか、特別区の設置に関する法律「大都市地域特別区設置法」が民主・自民・生活・みんなの党などの与野党7党の賛成で可決している。「都構想」の設計書である協定書の作成を進める「特別区設置協議会（法定協）」も設置された。

ここまでは橋下氏の思いどおりに事は進んだ。ところが――

「都構想」は2013年に終わっていた

13年9月の堺市長選で、かつては橋下知事の下、府の政策企画部長を務め、09年の市長選挙で橋下知事から推され、現職を破った竹山修身市長が、政令指定市の分割を掲げる「都構想」に反対の立ち場で「堺はひとつ！」を合い言葉に維新の候補を破って再選された。堺市が明確に分割を否定したことから「都構想」は「大阪市を廃止・5分割にする」だけの内容になったのである。

堺市の反乱の余波は大きかった。「法定協」は、維新と他会派の対立が先鋭化し、公明党も含むオール野党が「都構想」に反対、維新側からすると「抵抗勢力が反対するので議論が前に進まない」状況になった。橋下氏のイライラは相当募ったことだろう。そこで橋下市長は、奇策に打って出る。

行政自体の動きが鈍いように映るのは、収められた貴重な税金をどう配分するのか、さまざまな市民の思いを代表する議会と議論を尽くすことが議会制民主主義の前提である。しかし彼はそうしたことを歯牙にもかけない。

「設計図づくりが野党の反対でストップさせられた。どうしても協定書を法定協で作らせてほしいから民意を問いたい」と訴え、2014年3月の出直し市長選をしかけたのである。

それにかかる経費はおよそ6億円。再選されても任期が4年のびるわけではない。1年8カ月後にはまた市長選をしなければならず、当然同様の費用が発生する。さかんに市の財政逼迫をいい、そのためにリストラと民営化を進めようとしている姿勢とは相容れないものなのに、目立つ戦術の前では幻惑されてその基本の部分が目隠しされてしまう。

橋下氏のこうしたパフォーマンスに対して、野党は「一人芝居に付き合えない」とどこも候補を立てなかった。

思えば、ここから大阪市民の橋下氏への離反・愛想づかしがはじまっていたのかもしれない。当然のごとく再選された橋下市長は14年7月、法定協を維新単独メンバーで開き、「特別区設置協定書案」＝都構想案を作成するところまでこぎつけた。ところがその協定書案は同年10月の府・市両議会であっさり否決される。「都構想」が完全に頓挫したのだ。さすがの橋下氏も道を失なったかに見えた。

最後の賭けに出た橋下市長

ところがどっこい、年末に事態は急転する。

２０１４年12月26日、読売新聞がスクープを抜いた。見出しは「大阪都住民投票 公明、賛成へ」。

公明党が「住民投票を行うことについては賛成」と方針転換したことが報じられていた。協定書案が否決されたことで住民投票をしなくて済むと胸を撫で下ろしていた私たちにとって、このニュースがもたらしたショックは凄まじかった。理解不能という状況、「えー、うっそー」としか反応できないほどの衝撃であった。

公明党の突然の変心は、暗礁に乗り上げていた「大阪都構想」と、凋落傾向にあった維新と橋下氏の「蘇生」をも意味すると世間ではとられたが私もそう思う。背景には、その直前の衆院選で、江田憲司氏率いる結いの党と合流し国政政党となった「維新の党」が、当初苦戦を伝えられていたにもかかわらず、大阪では大阪府下・大阪市域で比例票１１４万票を獲得して第一党となり、公明党・創価学会は連携の必要性を感じたからだと、読売をふくめマスコミは「解釈」してみせたが、それ以前に橋下氏と公明党の間には不可解な動きがあり、それが「遠因」とする見方もあった。

巷間伝えられた情報では、２０１２年の前回衆院選で、橋下氏は地域政党の旧日本維新の会として戦ったが、そのおり選挙協力の見返りに公明が都構想に一定の協力を行うという合意が成立。しかし、その後公明党は「都構想」の特別区の区割り案の絞り込みに反対、これに怒った橋下氏は公明党に対し「約束を破った」と怒りをあらわにし、大阪府本部佐藤茂樹代表の選挙区である大阪３区に橋下市長が、顧問の北側一雄氏の選挙区である大阪16区から松井知事が刺客として出馬する構えを見せたと報じられた。

ところが橋下氏は上げた拳の勢いとはまったく関係なく、衆院選への出馬を見送る。いったい公明党の「変身」の裏にどのような不都合な真実（ネットでは散々憶測とも事実ともつかぬ情報が個人名付きで上がっているほど公然？の事実）があったのかは不明であるが、一転して「都構想」は甦った。誰もが、「刺客を送らない見返り」に見える形になったことで、果たして利益を得るのは誰だろうか。こうした演出を臆面もなくやってしまうところにトリックスターの面目躍如たるものがあるように感じる。

何のことだか忘れたが、在任中に記者会見で話した記憶がある。「ひと粒で何度でもおいしい仕掛けをするのが橋下さんだ」と。メディア受けするフレーズを連発し、それを「報じる」ことだけに専念せざるを得ない状況を作りだす天才。不都合な部分をしつこく追及する記者は名指しでとことん批判を受ける。曰く社長が悪いとか、社風がなってないとか。

この「都」にはならない「都構想」復活劇も、今もなお進行中の「大阪会議」を巡る仕掛けも同次元である。自分の都合のいいようにしか報じられない環境を作るためには何だって仕掛けてくるのが「橋下流」詭弁術である。

公明党の心変わりは、公明大阪市会議員団にとっては（市民にとっても）青天の霹靂で、「都構想」ならびに「ハシモトリック」の仕掛けが年がら年中ハロウィーン状態とでもいえる大阪であった。まさにゾンビみたいなものである。繰り返すが、その協定書案は昨年10月に行われた府・市両議会で否決され、住民投票は行われないことが決まっていたのである。

それが、公明党が態度を変えたことで、急転直下、今年（2015年）1月13日の法定協議会で、昨年10月の府・市議会で否決されたのとほとんど中身の同じものが協定書「案」となり、3月の府・市両議会で可決され、5月17日に住民投票という流れになったのである。

一度大阪市をなくしたら元へは戻せない！

こうした「都構想」をめぐる事態の急変を受けて、私は鹿砦社という出版社の取材を受けて次のように述べた。

Q　住民投票は20歳以上の大阪市内の日本国民が対象。賛成が過半数に達したら2017年4月に大阪市は解体されることになります。逆に反対多数なら廃案です。今朝（1月7日）の産経新聞には、橋下さんがBSの番組で「もし過半数取れなかったら、今年12月の市長の任期満了後、政治家を辞める」と発言したと報じられています。

平松　任期満了まで待たんでも、住民投票やって「ペケ」がついたら辞めたらよろしい。住民投票は一体、いくらかかるんでしょうね。国からは一銭も出ないでしょう。自らの思いで仕掛けた、あの出直し市長選にしても6億円以上の公金をかけたわけです。

住民投票は本当に最後の手段だと思います。法定協議会でさんざん議論をやりつくし、その中でプラスもマイナスもこれだけ明らかになり、議会の過半数の了承をようやく得られ、「さあ、じゃあ最後の手段として住民のみなさんにお聞きします」というのが住民投票です。それが「住民投票ありき」になってしまっている。

「首相公選制」を言うてる人ですから、たぶん「二元代表制」がまどろっこしいんでしょうね。日本は議会制民主主義の国。そのもとで二元代表制が敷かれています。市民を代表する行政のトップとして首長がいて、行政の執行をチェックするためにそれぞれの地域から選ばれた議員がいるという2つの民意を担保できる仕組みです。

私も4年間市長をやらせてもらったのでわかりますが、首長は、議会をやすやすと乗り越えるだけの大きい権限を持っています。しかし、そんな権限を振りかざしたら議会制民主主義の全面否定にほかなりませんし、非常に怖い世の中が出来るのではないかという思いが強いんです。

あの人とは、民主主義というものの捉え方が根本的に違うのだと感じています。民主主義は、絶えず対立をしている対抗軸のなかにあって、いま行政ができることの最大効果を出すために意見を斟酌しながら歩み寄りをはかるとか、三方一両損でもいいからこの方向にということをやってこそだと思います。民主主義というのは時間がかかるのです。なおかつ、行政というのは一番人々の生命、暮らしに直結している部分を預かっているから、それだけ丁寧な説明や説得、手続きが必要です。大阪市がなくなれば二度と元に戻せない。

私は08年、橋下府知事誕生の直後、大阪市役所へ挨拶に来た際に、知事選政見放送での発言に苦言を呈した。彼は政見放送で「平松市長は少数与党だから何もできない。私は自民公明の推薦を貰っている」との趣旨の発言をした。たしか市長・知事としての初対面のときに「知事とは民主主義に関する考え方が違うと感じる。少数意見をいかに大事にするかが基本であり、橋下さんの世代が習った民主主義と私が習った民主主義とは内容が変わったのか」と。彼の弁舌の危険性を感じた部分である。

いざ、「橋下妄想」に対して反撃へ

「都構想」という大仰なネーミングは、「なんかええもんやろ」と思わせる魔力を持っていた。「よくわからないけど、いまより改革されるのだろう」。そう思い込んでいる方も依然多いのではないかと危機感に駆られた。「いまの雰囲気だと、通ってしまう可能性のほうが高い」。

年末の大きな方向転換を受け、私は、正月明けからフェイスブックとツイッターに連続で書き込みをはじめた。政令指定「大阪市」を廃止して「新大阪府」となった場合、大阪市の形は本当のところどうなるのか。「いまの大阪市が5つの区に分かれるのではなくて、5つの新しい市ができるのです」「5つの自治体ができ、それぞれに、市長に相当する特別区長、市役所に相当する特別区役所ができ、それぞれ議会、議員が誕生するのです」

まだピンときてない大阪市の有権者に協定書の中身をよく知ってもらいたかった。本当に大阪市がなくなってしまうことに賛成するのかどうか。

彼や松井知事が衆院選に刺客で立った場合、知事、市長ダブル選挙が年明けにもあるかもしれないという流れの予測もあり、橋下氏にかき回された感はあるが、私の個人後援会「翔の会」の活動を、晩秋のダブル選挙という視程から、5月の住民投票を自らの選挙と思い、全面的に取り組む覚悟を決め、支援者への連絡やボランティアの方たちと会議を重ねた。

前述した鹿砦社のインタビュアーはこう私に訊いた。

Q 自分の周辺を見ても、大阪市という指定都市が消滅することは、あまり理解されていない気がします。大阪都構想といっても『都』にしていいという法律はなく、もし住民投票が通ったとしても、『大阪都○○区』ではなく「(新)『大阪府○○特別区』ですよね。もし失敗したとして、元通りの大阪市に戻すことはできるのでしょうか。

私はこう答えた。

平松　二度と戻りません。『いっぺんやらしてみたらええやん』では済まないのです。『もう政令市の大阪市に戻らなくてもいい』『大阪府を助けるために大阪市が財産投げ捨てるんや』と覚悟を決めた市民が圧倒的多数なら大阪市はつぶされます。

代わって出来るのが、指定市としての権限や財産も吸い上げられる5つの特別区になります。住民投票が実施されるとしたら、『どうせ、通ってしまうんやから投票に行ってもしゃあないわ』でなくて、自分の問題として『絶対投票に行く』『圧倒的多数で反対票を入れる』という気持ちになっていただきたいと思います。都構想に反対している各政党はむろん、公明党も中身そのものには反対だとおっしゃっているので、ここも含めて反対の勢力とするなら、自公民共があらゆる手段を使って、『実現したら大阪市は大変なことになる』ということをアピールしていくことが大切だと思います。やれることはいっぱいあるはずです」（以上は「紙の爆弾」2015年3月号・鹿砦社より転用・編集）

こうして私が徐々に「都構想反対」の情宣活動にボランティアの方たちと走り回っていたまさにそのとき、前述の「平松元市長は前の市長選で地振に100万円配った」という誹謗中傷が飛び出すわけである。これも、ボランティアの方が「地域でこうした発言をしているのを平松さんは知っているのか」という連絡からである。

橋下市長と維新が党是としてしゃにむに推し進めてきた「大阪都構想」、その発想と手法の根本にある「民主主義否定」の色をおびる「橋下的なるもの」に、私は真っ向からぶつかり、反撃の態勢を取ることになる。

「あんた、もっと強く言わんかい！」

公共の役割りというものを身にしみて感じ、なすべきことは何か、脳内で細胞がうなりを上げているかのような感覚にとらわれることもあった。

あの、2011年3月11日の東日本大震災である。信じていたものが根底から覆ってしまった際に、大阪市長として東北の地に何ができるかを必死に考えたことを昨日のように覚えている。

災害対応部署ばかりでなく「市民協働」スピリッツを理解してくれた職員は自ら走りはじめた。発生直後の救援活動やそれに続く復興支援活動の中で、力のある自治体は何ができるのかを証明するときが今であると捉え、考えうる手法やテーマを日夜検討したこともあった。

さらにどのような社会を次の世代につないでいくかを考えたとき、人口減少社会が明らかになった今、成長路線を標榜しなければならない財界の思いを汲み、いまあるもの、資源を最大限有効に生かしながら、どう力を合わせて未来をつくっていくか。統治機構改革という、入れ物を変えればすべて良くなるというマジックまがいの制度論だけに終始しているやり方でいいのか。

橋下維新が標榜する「改革」という名の「破壊」は未来志向ではない。

維新が提唱した「都構想」という幻想を壊さなければならない。理は私たちにある。

しかし、橋下氏と維新は強敵だった。手ごわすぎる、それははっきりと認識していた。大阪では依然として、橋下人気、維新人気は衰えていないし、選挙の度に驚かされるほど確実に得票していく。

それにつけても橋下氏が創業した「維新の会」の初登場の風景は圧倒的だった。前々回の大阪市議会選挙（２０１１年４月）では、定数86のうち33議席、府議会選挙では定数１０９のうち57議席を獲得、それまでは「ゼロ」だった政党がいきなり第1党に躍り出たのである。

「なんかええもんなんやろな」という、いわゆる〝ふわっとした民意〟であれだけの結果になったのは、突然台風が上陸したようなもので、おそらく地方自治体選挙では前代未聞の大事件であった。いま風は少し治まっているとはいえ、やはり大阪市内、府下で比例第1位の票数をとる。

これはいったいなんなのか。

やはり、橋下流プロパガンダの力と、私が時おりSNSで「伝声管」と批判するマスコミの力が相乗効果となっているのだろう。それがもう何年も続いている。維新の登場時に生まれた子どもはもう幼稚園に通う年数が経っている。

この間維新の党は、大阪では何十人という維新の市会議員や府会議員を抱え、中央に目を転じると国会議員も、野党第2党の人数を擁するまでになっている。その政党が、政党交付金を使いながら、ありとあらゆる宣伝手段を使う。それを批判精神なしでそのまま伝えているマスコミ、都構想はええもんやというニュアンスで伝える番組。自分が育ってきたテレビをあまり見なくなってしまった。

本書執筆時点でまたまた維新の内紛、分裂騒ぎが連日報じられている。住民投票の際の大宣伝に使った巨費が、借金として残っているらしい。

橋下氏のように、あれだけズバズバものを言う政治家はいままでいなかった。敵を見つけて、あるいは敵を仕立てあげて、それとの対比で自分を目立たせ、際立たせる。そんなあざといやり方を絶えず繰り返す。核心を突いてきた人は、「バカ」の一言で切り捨てる。根本的に考えが違う人を説得するという思考回路を持たない人なのだろう。

その橋下氏に、「敵役」に仕立てられた人は枚挙に暇がない。

私は支持者の方から、「あんたも、もっと強く言わんかい」と言われることがよくあった。確

統一地方選　党派別議席数

		大阪維新	自民党	民主党	公明党	みんなの党	共産党	社民党	諸派	無所属
第16回統一地方選挙	投開票日									
大阪府議選	2007年4月8日		45	19	23		10	1		14
大阪市議選	同上		30	17	20		16			6
堺市議選	同上		10	9	13		8		1	11
第17回統一地方選挙	投開票日									
大阪府議選	2011年4月10日	57	13	10	21	1	4			3
大阪市議選	同上	33	17	8	19		8			1
堺市議選	同上	13	7	5	12		8			7
第18回統一地方選挙	投開票日									
大阪府議選	2015年4月12日	42	21	1	15		3			6
大阪市議選	同上	36	19		19		9			3
堺市議選	同上	14	8	2	11		6			7

かにそうかもしれない。だが私はそうしてしまうと、同じことの対立構造でしかないと考える。具体的に大阪をこうすれば今より良くなるという政策提案をいくつも出していくのが、本来の政治家としてのやり方ではないかと信じている。

私が市長で橋下氏が知事だった時代、対立が表面化したころを機にメディアからは「橋下さんはこう言うてはりましたよ、平松さんどうですか」と、いつも対抗軸として取り上げられてきた。より面白おかしくというメディアの習性である。「そんなことはいいやん、大阪市はこんなええことやってるよ」という私の言葉はほとんど取り上げられなかった記憶がある。

「面白くなければテレビでない」という風潮がもたらしたものはなんだろう。

放送局で高度経済成長の恩恵を蒙り、高収入を得ていた自分が言うのもおかしいが、ケーブルテレビの普及、多チャンネル放送の実現などの裏に、必ず存在するのが情報格差である。NHKが視聴率競争をするおろかさに気付き、むしろ視聴「質」競争を独走するくらいの気構えを持って欲しいし、まだまだ免許事業としての恩恵を受けている民間放送も「良質」の番組を日々送る時間を確保する必要を感じる。

地上波放送が生き残るためには「あざとさ」と「バカさ」加減を売り物にするしか手っ取り早い視聴率競争に生き残る術はないと思ってしまった放送局経営陣やスポンサーがいるのかも知れないと感じるほど「良質」の番組を探すのが難しい。

しかし、デジタル世界の変動の早さは、メディア状況を劇的に変える可能性だってあると思う。誰もテレビを見る時間が惜しいと思うような。

半年近く前の住民投票で生まれて初めてビラ配りをしたり、マイクを握ったりした大阪市民が数多くいる。価値観の変革のきざしが生まれたとしても不思議ではない。そう考えて、敢えて関係のない話を挟んだ。

大阪の成長はもうないという人もいるが、私はこのまちの底力を信じている。生きがいであるとか、仕事のやりがいであるとか、中小企業のまち・大阪はこういうことができるとか、あらゆる知恵を絞り、現場で動いている人たちのやる気と方向性さえ引き出せれば、その底力でもういっぺんやれるとの確信がある。

同じような名前と性格に見えるものを府と市で持っているから二重行政だという馬鹿げた議論を報じるのではなく、それが性格も違い、機能しているというだけで一瞬にこの刷り込みを瓦解させることができるはずなのにと思うことも多々あった。

この3年、維新のツートップが府と市の首長をやってきたわけだが、維新は目指すこのまちの将来像を描き切れていないのではないか、私にはまったく見えてこない。単に金額の話ばかりが表に出てきて、多くの人のいのち、暮らしを守るという一番大事なことを考えていないことはわかる。今回のダブル選挙でまたしても「新・都構想」「副首都構想」などとネタ切れ感満載のことしか言えない政党であることが見えてきている。

壮絶なラスト1カ月間の闘い

もう一度住民投票の頃に話を戻す。5・17の住民投票が近づいていた。

大阪は大変なことになっているが、政治家や企業経営者のモラルであるとか、国全体もとんでもなく劣化していると思える事案が長年にわたり続出している。「ああ、これはいかん! こうした流れにストップをかけられるとしたら、大阪からや」との思いも強くなってきた。「なに言うてまんねん、アホ言いなはんな」と、スコンとひっくり返すことができるのは、今度の「住民投票」という場ではないのか。そこが一番の山場となる。熟慮も熟議もされていない協定書の内容で、〇か×かの住民投票をする。暴挙には違いないが、逆にチャンスでもある。ここで完璧に「ノー」を突き付けられれば、あの一団の虚構の姿を世に知らしめることができる。その絶好の機会を大阪市民は持ったのである。私たちは身軽なゲリラ部隊だというボランティアの人たちの共通の思いから、あらゆる手段を考えて実行した。ネット環境を使いこなすボランティアの方たちがいたことも大きかったし、ホームページ制作のプロやチラシ・ポスター作成のデザイナーグループとも「戦友」として、「住民投票」に臨むと覚悟を決めた。

その前段階が4月12日の統一地方選だった。ここでいかに維新の数を減らせるか。維新が過半数をとれない、3分の1すらとれない、あるいは、どこかと組んでも過半数にならないという状況に逆転できるか。それが、市民が大阪市をどうしたいかという1つのバロメーターになると思った。

しかし、4月の統一地方選の結果はそうした私の期待を大きく裏切るものであった。一番の責任は維新側がよく攻撃材料に上げる「議員既得権益」とでも名付けられるものなのかもしれない。いかに敵を食いにいくかを至上命題とし、「選挙専門集団」として橋下氏の神通力で並みいる政敵をなぎ倒してきた「維新の会」に対し、自らの議席を守るという視点だけではなく、具体的な方向性を党として示し、地方議員、候補者に作戦を与えるくらいの対応をしなければ防ぎきることのできない「暴風」が各地で吹き荒れてきた。

敵は党勢拡大だけに目標をおき、絶大な集客力を誇る橋下市長が、公務をうっちゃって政務に邁進する。防戦一方としか見えない布陣で勝てるわけがないのが選挙前から見えていた。大阪府議会、市議会ともに同じことが言えるし、旧態依然たる地方議会の政党、「個人の魅力」を前面に出す動きしか取れなかった。

私は大阪市長の4年間、公務を最優先して動き回り、政務は極めて少ない当たり前の市長であった。まったく常識にはまらない橋下氏の動き方を何年も見てきた陣営は、ただただ首をすくめていたように見えるが、そんな動きを非難するのはやさしい。市民、府民の代表の1人として何を最優先するかという観点からは仕方がないのかもしれないとも思う。

地方議会、議員を中央政界での議席獲得の為の集票組織としてだけ捉えるのであれば、維新の党のやり方が一番理にかなっているのかもしれないとまで思ってしまう。具体的な地域要請や細かな経済施策を地道に訴えるよりも、「既得権益をぶち壊す」と威勢のいい発信をするほうが簡単だし、ウケもいいのは明らか。こうした大衆煽動が日常的に行われ続けた。

結果、大阪府・大阪市・堺市のいずれも大阪維新が第1党になった。無残をきわめたのは、民主党である。維新は57から42議席に、共産は1減、自民は議席を増やすなか、民主は府議選でたった1議席、大阪市議選では1議席もとれないという壊滅的敗北を喫したのである。

5月17日まで、あとひと月と少ししかない時点での「維新への信任」は、ひとえに2014年末の住民投票実施への流れをつくったことが大きいと思う。府市両議会で否決されたことで「維新退潮」は当然だったのに、大きく息を吹き返す材料を与えてしまった。

統一地方選挙2日後の4月14日には、大阪市が特別区設置協定書を説明する住民説明会を開催した。出席者から質問と意見が続出し、事務方が説明しても要領を得ない。橋下市長は例によって一方的に持論を展開するだけだ。参加者からは「賛成に誘導するための説明会ではないか。公平性に疑問がある」との指摘がなされたとのことであった。

この日、大阪市地域振興会は大阪都構想反対を決めた。

次に、この時点から住民投票までの動きを簡単にまとめておく。ここからは住民投票における「大阪都構想」を、実態に即して「大阪市廃止・分割構想」と表記する。

4月16日　大阪市廃止構想に反対する関係者の集会がはじまり、自民・民主・公明などが連携して27日までに市内24カ所で開かれた。同日の大阪市主催の説明会で、橋下市長は「反対派が意見を言う場ではない」と主張した。

4月17日　大阪市議会の野党4会派幹事長が、住民説明会を公正・中立に行うよう橋下市長に申し入れた。

4月26日　統一地方選後半戦の市町村議会・長の選挙が行われた。維新対反維新の戦いとなった吹田・八尾・寝屋川の3市長選ではいずれも、維新推薦候補が敗退。

4月27日　大阪市廃止構想の是非を問う住民投票が告示され、投開票日は5月17日。

5月5日　地方自治や防災・財政学の学者らが集まり、大阪市廃止構想のデメリットを訴える。

5月10日　反対票運動のあらゆる政党・市民・団体が結集し、扇町公園で5000人集会。梅田西までデモ行進。

5月11日　日刊紙各紙が特別区設置（大阪市廃止）の住民投票に関する世論調査の結果を発表。

いずれも反対が賛成を上回るも、前回調査に比べその差がわずかに縮まる。

住民投票を1カ月後に控えたあたりから、にわかに賛成・反対の両陣営の動きが活発化したことがおわかりと思う。橋下市長は4月16日の住民説明会ではその独裁的体質をあらわにして、自分の話を延々と1時間以上も続け、45分を予定していた住民の質疑時間はわずか10分ほどに減ってしまったのである。会場からは「まるで市長の個人演説会ではないか」との批判があがった。それに対し「僕の説明会ですから」と答えたことも伝えられた。

これを受けて、大阪弁護士会の有志73人（代表・豊島達哉氏）が「橋下市長の説明は公務員の地位利用による（市民の）運動の禁止に該当する」との抗議文を出した。しかし橋下氏は一向にひるまず、その舌鋒はより先鋭化していった。

5月8日、橋下市長は、医師会・トラック協会・タクシー協会などの各種団体が「反対」の声を呼び掛けているのに業を煮やし、団体を次々に名指ししながら「壮絶な戦いになる。業界団体が一斉に反対声明を出し、市民がどう考えるのかわくわくする」と不敵な笑顔を浮かべながら語ったのである。ある意味彼が内心の焦りを見せたものとも受け取れる。

5月10日、各種団体だけでなく、反対運動の政党、市民団体、学生、企業グループなど5000人が扇町公園に集まり「ＷｅＳａｙＮｏ！」のシュプレヒコールで西梅田までデモ行進した。

各地の首長からも援護射撃が来た。5月12日、全国の政令指定都市の市長が出席する「指定都市サミット」が京都で開催された。会長の横浜市長からは「都構想のような制度論から始めていては喫緊の課題は解決できない」との発言がなされ、京都市長は「市を解体して大事な仕事の多くを府にもっていくという市民の声は聞いたことがない」と述べた。まことに心強いエールであった。

私の「翔の会」は黄色いジャンパーを身にまとい、街頭に立ち、ひたすらチラシを配り、「反対してな！」と声をからして呼び掛け続けた。5月16日、投票日前日。天王寺区と阿倍野区の街頭活動。ホームページなどで告知とボランティア募集をした「情報オモテ出し」の最後になったが、その日は他の団体が住の江区で街頭演説をしているという情報があり、そちらに合流、さらに夜は千日前でＳＡＤＬ（民主主義生活を守る有志）の街頭集会に飛び入り参加した。

「大阪市をなくすな！　5・10市民大集会＆パレード」参加団体

「大阪市なくさんといてよ市民ネットワーク」「府民のちから2015」「民意の声」「大阪市がなくなるで！　えらいこっちゃの会」「大阪をよくする会」「明るい会」「市地域振興会」「大阪市商店会総連盟」「大阪府保険医協会」「大阪府歯科保険医協会」「大阪薬剤師会」「住之江区医師会」

「平野区医師会」「日本商工連盟大阪地区」「府トラック協会」「大阪タクシー協会」「大阪バス協会」「SADL」「大阪市立大学の統合問題を考える会」「大阪文化団体連合会」「全大阪生活と健康を守る会連合会」「大阪文化団体連合会」「大阪都構想のリスクを明らかにする学者の会」「翔の会」「女性団体」「市民個人」その他。

そして5月17日投票日当日を迎えた。この住民投票が通常選挙と違うのは投票日でも運動ができること。午前中から事務所に出ていろいろと情報収集をしていると、出口調査では「賛成票」が一気に伸びているということだった。1日前の情報でも「賛成票」が増えており、最終盤での「橋下さん辞めないで」コールや、全国動員のオレンジ色Tシャツグループの追い上げの効果だと思われた。

いても立ってもいられなくなり、夕方に街頭へ飛び出した。事務所に出ていたボランティアの一部は西成区へ、私は自分が「学校元気アップボランティア」をしている小学校が投票所になっている淀川区へ。投票に来られている方たちにメガホンで呼びかけるものの、ほとんどの方がすでに決めておられる様子もうかがえ、スーパーマーケット近くへ移動。ギリギリまで街頭に出た。

そして、5月17日の夜、私たちはかろうじて勝利し、歓びの声を上げたのである。

上右：5月17日投票日にも、小学校の前で投票を呼び掛ける。
上左：投票日100日前の2月7日。道行く人にていねいに説明する。
下右：統一地方選後、4月18日西成区で自民党大阪市議の柳本顕さんと。柳本さんは今度の市長選に立候補。
下左：5月9日、住吉区にて各党統一行動の日。

5・17が突き付けた課題は何か

しかし、事務所で薄氷の勝利を目を疑いながら確認をした私自身の感想を正直に言わせてもらうと、確定した瞬間、歓呼の声をあげはした。あげはしたがその直後に、なにやら重たいものが胸にずしりときた。

そして、橋下氏が実にさばさばした表情で、笑みをうかべながら、「市長任期まではやりますけど、その後は政治家はやりません」とテレビで「敗戦の弁」を語ったのを見て、大きな違和感を感じた。

ああ、この人は、「勝ち負け」でしか物事を見ていないのだ。彼の8年にわたる宿願だった「大阪都構想」に「やらしたるから、がんばれ」とエールを送った69万4844票、当日の投票者の49・62%の人々の思いを、橋下氏はいったいどう思っているのだろうか。

こんなことを言うと、どちらが「勝者」でどちらが「敗者」かわからなくなるが、私には、1万741票という僅差を「勝ちは勝ち」と誇る気にはどうしてもなれない。誰と何が勝って、誰と何が負けたのかという、単純な勝ち負けの話ではない。今回の住民投票に示された民意の中にひそむ深い意味を探らなければならないのではないか。勝利の余韻が残る中で私は、徐々にそうした思いを強くした。しかし、本当に「負けなくて良かった」。「すべては勝ち負け」「白か黒」「政治家は決断、決めるのが政治」「なによりも、スピード感を持って」……。こうした強くシンプルなキーワードで迫るのが橋下流だ。大衆はその歯切れの良さにしびれるのだが、果たしてそうだろうか。

5・17の最大の意味は、「みんな、このへんで一度立ち止まって考えてみようや」という穏やかな民意がかろうじてしのぎ切ったということではないだろうか。「じっくり考えようや」ということにほかならない。結果は僅差だったのだし、勝ち負けにはあまり意味がない。意味がないどころか危険ですらある。それは橋下流をある意味承認することにつながり、橋下流政治の復活を許すことにつながる。賛成を投じた人の中には、熱狂的に橋下氏を信じる人たちばかりでなく、現状に強い不満を持つ多くの人々がいるのも間違いない。その人たちの意志をくみ取ることも大切なことだろう。

もう1つ言えば、維新を除く全政党が共同戦線を築けたのも、「民意」である。そして、その背中を押したのは今まで政治的な活動を一切経験したことのない人も含めた多様な市民である。その力が従来の政党の枠組みを軽々と乗り越えさせてしまった。橋下氏はそこを見誤ったのだと思う。

勝ち負けの論理を超えて、壊された大阪を取り戻す。それが私たちに与えられた今後の課題である。5・17の勝利はその一歩に過ぎない。その課題をどのように受け止め、どう解決していけばいいのか。

以下の章で、橋下流政治を分析していくことを通して、それを少しでも明らかにしていきたい。

第2章

「大阪都構想」という〝帝国幻想〟の危うさ

大阪ローカルの〝奇妙な妄想〟にあらず

2015年5月17日は、「大阪都構想」——私にいわせれば「大阪市廃止・分割構想」に大阪市民がノーを突きつけた歴史的な日となった。1票でも賛成が多ければ政令指定都市である大阪市は消滅、バラバラにされる。その驚愕の内容を理解し、危機感を抱いた市民のほうが僅かに数が多かったということである。

本章では、大阪市民だけでなく日本国民に幻想をばらまきつづけた「都構想＝大阪市廃止・分割構想」の中身を検証し、その欺瞞性を明らかにしようと思う。

もう終わって結論の出てしまったことだからいいではないか。それも負けたのならともかく勝って大阪市が消滅するのを免れたのだから、いまさら議論をする必要などないではないか。そういわれるかもしれないが、それは違う。「都構想＝大阪市廃止・分割構想」は否決されはしたが、ほぼ同数の大阪市民が「やってくれ」と希望したということを看過してはならない。

橋下徹市長は、投票結果の帰趨がきまった記者会見で、敗北を認め政界引退を表明したにもかかわらず、11月22日に予定されている大阪市長・府知事のダブル選挙に対しては、臆面もなく「おおさか維新の会」として、「大阪都構想再チャレンジ」を掲げて戦うと明言している。あの記者会見は一体なんだったのかとあきれかえるのはふつうの人。「もうウンザリだ」という気持ちを大きく示すのが、来る11月22日である。

さらに重大なのは、橋下氏による「大阪都構想」は、大阪ローカルの奇妙な茶番劇ではない、将来日本国民を虜にするかもしれない危うい〝帝国幻想〟の序章かもしれない。

関西はともかくとして、「橋下さんの人気はもう下がり目でしょ。関東ではそんなに話題になってないですよ」という反応をかなり前から聞くことが多かった。しかし、この住民投票を巡っては、ローカル事案の住民投票が全国ニュースになり、多くの国民の興味を引いた原因として、単に「他人の不幸は蜜の味」といった倒錯的な思いだけではなく、構造改革路線から浸透し始めた「自己責任論」「自主自立」という価値観が受け入れられるのかどうか、大阪ではどう動くのか、まぁ「大阪だからな」といった興味本位の部分も大きかったのではないかと私は危惧している。

大阪を実験台にして「効率至上主義」の統治機構を造り上げれば、当面の財政危機も、その他あらゆる問題も忘れ去られるかもしれないとでもいうような不気味な底流があるような気がしてならない。それほどまでに関西の放送局の「都構想礼賛」ぶりは異常であったし、反対票が上回った結果をワイドショーでは「残念だ」と平然と口走るコメンテーターが何人もいた。

だからこそ、完全に葬り去られたわけではない「大阪都構想」がゾンビとなって復活することがないように、その本質について、しっかりと検証しなおすことはきわめて重要な意義がある。

青天の霹靂だった「大阪都構想」

橋下氏が「府市の二重行政の解消」「より地域密着型の行政サービス」「大阪の経済成長戦略」などを内容とする「大阪都構想」に言及したのは、2010年1月上旬のことだった。そのとき私は大阪市長の任期の真っただ中で、府知事だった橋下氏と水道事業の統合協議中であったので、印象深く受け止めたことをよく覚えている。

大阪府知事が議会制民主主義の手続きを嫌い、自らの思いを通すだけのために政党の代表になるという手段をとるという選択肢を見たとき、私の理解の範囲を超え青天の霹靂ともいえた。「都構想」への言及からひと月もしない1月30日。受水市町村首長会議でコンセッション方式を採用せずと決定。知事と市長で合意した方向を実現するための努力をされたのかという公開質問には一切答えがなかった。

それから1年半ほどして橋下氏は突然知事を辞職、「大阪都構想」をテーマに、大阪市長選・府知事選挙のダブル選挙をしかけてくる。それに対して、私は知事候補に名乗りを上げた倉田薫氏との対談で、橋下氏の「大阪都構想」との「出会い」をこう語った。

平松　大阪がここまで落ち込んだのは府と市があるからや、というところから大阪都構想がはじまります。そんなん、誰がきめたん？　どういう分析？　と誰も聞かない。そして、コントロールタワーがふたりおる、と。「いやいや、僕は市長で、あんたは知事ですやん」と言ってもあかん。こうして理屈ではなく、勢いでまず言ってしまう。それを何度も何度も言うことで、サブリミナル効果のように人々の中に植え付けていく、と僕は見ているのですが、えらい人が、僕が市長の時に知事でおるな、というのが正直なところです。

（『拝啓　大阪府知事橋下徹様』情報センター出版局、２０１１年７月）

さらに、この対談で、私は、「大阪都構想」の「由来」について、こうも指摘した。

平松　それでは、具体的に（知事は）なにをやってきたんですか？　具体的にあなたは府民のためになにをやってこられたのですか？　児童文学館を削り、センチュリー交響楽団をおっぽり出し、人形浄瑠璃文楽の補助金を削りと、切りやすいところから切っていくという手法で様々な文化行政から山ほど切り、小児医療の補助金たるや、日本の都道府県で最低ランクの補助しか出さず、赤字の原因を突き止めもせず、なぜ減債基金を取り崩したのかも究明せず……単年度の決算だけで黒字になったのは自分が頑張ったと胸を張る松井一郎（府議）氏と並んで、な

ぜ胸を張れるんですか？　大阪の評判を落としただけじゃないですか、というのが僕のむいた（正直な）気持ちです。（前掲書）

要するに、私としては、橋下氏は知事としてなすべきことを果たせないので、「目くらまし」に出たと言いたかったのだが、いまにして思えば、ポイントを突いてはいたが多くに届かなかった。「大阪都構想」とは、策に窮したら目先をかえる、それも話が大きければ大きいほど効果は大きいという橋下流政治パフォーマンスの「先行事例」だったのである。

最初の「都構想」と別物の最終協定書案

私にとって青天の霹靂だった「大阪都構想」だが、その後全体像が明らかになってくる。当初は、前章にも記したが、橋下氏の「公約」によれば、

1　大阪府と大阪市の双方でばらばらに行われてきたとされる広域行政を一本化する。

2　政令指定都市としての大阪市を廃止、中核市程度の権限と財源と公選制の区長をもつ「特別区」を設置、旧大阪市の行政機能・財源のうち広域行政に関わる部分を「大阪都」に、地域

3　行政に関わる部分を「特別区」にそれぞれ移譲・統合する。
具体的には、大阪市内を8〜9、堺市を3つの特別区に分割。そして、松原市、八尾市、東大阪市、大東市、門真市、守口市、摂津市、吹田市、豊中市という大阪市の周りの市を全部含めて「大阪都」とする。

という内容であった。

これを見たとき、私はこれは、「絵に描いた餅」に過ぎないと思った。なぜなら、43もある府下の市町村が、ある市は道路を隔てて分割され、ある町は川を隔てていた隣の町と合併させられるのである。平成の大合併の際、国から特例債をぶら下げられても堺市と美原町の合併があっただけの大阪府。歴史ある都市を合併することの難しさは暮らしている人たちの思いをどうまとめ、どう方向付けするかに大きな努力と長い年月が必要である。そこまでの覚悟があり、何十年かけてもそれをやりきるという姿勢があるのか。言葉やキャッチフレーズは威勢がいい。グレートリセットなど最たるものである。人々のいのちとくらしを誰がリセットできるのか。まるでテーブルゲーム、コンピュータゲームのようにやってしまおうとしていると感じた。しかし、政治・行政の不祥事や一流企業の不祥事に残念ながら慣れ親しんだ?市民には、強烈なメッセージと「やる」というだけの言葉が心地よく響いたようだ。

第1章で紹介したように、堺市が反旗を翻した。2013年秋の市長選挙で「都構想反対」を掲げる竹山修身市長が再選されたのだ。千利休を生んだ歴史と文化の町が三分割されるのだから、堺市民の判断は当然といえば当然だった。ここで「普通の為政者」だったら、民意をくみとって取り下げるところだが、橋下氏は違った。2014年12月に、それまで「都構想」に反対していた公明党から妥協を引き出し、住民投票を議会で成立させる（詳しい経緯は第1章を参照）。

当初案にあった「大阪都構想」の大黒柱ともいうべき「大阪都をつくる」がなくなり、「大阪市を廃止し、5つの特別区に分割される」だけになったのである。

「都」が構想もされていない「大阪都構想」とは、いったい何だと、読者から――とりわけ大阪と関西からは遠い土地の読者から、即座に疑問と驚きの声が返ってくることだろう。

これは、赤子は言い過ぎでも、小学生でもわかるような「だまし」ではないか。なぜ大阪市民はそれに気づかず、有権者の半分近くもが賛成したのか。いっぽうで橋下市長たちはなんでそんなあざとい詐術で有権者をだましおおせたのか、そんなことがまかり通る大阪とはおかしい、と。

おっしゃるとおりである。しかし、ありえないような「物語」が大阪では実際に起き、あわや成功裡に幕が下りる寸前でとどめを刺した（はず）のであるが、そのカラクリにこそ、危うい〝帝国幻想〟の温床がある。この「ありえない物語」の初演舞台は大阪だったが、過去さまざまな独裁国でも演じられ、そして近未来の日本のどの地域で演じられてもおかしくない、と私は警鐘を鳴らしたいのである。

「大阪都構想の不都合な7つの事実」

その危ういカラクリを知るための説得力に満ちた手がかりがある。

その手がかりとは、京都大学大学院藤井聡教授の「大阪都構想の不都合な7つの事実」である。

(http://www.mitsuhashitakaaki.net/2015/01/27/fujii/)

橋下維新の「都構想」がいかに「都妄想」であるのか、実に明快な論点で整理されていて、われわれの運動に、どれだけ力になったことか。

住民投票に向けて反対票運動のチラシを作成中だった私たちは、この藤井さんのブログ記事「大阪都構想の不都合な7つの事実」を一読するや、すぐさま藤井さんに連絡を入れた。以前、お会いしていたこともあり、このブログ記事をチラシに使わせて欲しいというお願いをし、快諾を得た。私たちが作っていた原案は既にまとめの段階に入っていたが、この「7つの事実」は問題点が客観的に列挙されており、大きな力になると判断したからである。

運動期間中、私と私の後援会「翔の会」のボランティアメンバーはこのチラシを投票100日

①「大阪市をおもちゃにさせへん」と題うったチラシ。100日間の運動期間中、2種類のチラシをつくり、25万枚のチラシをボランティア中心で配った。これは、第1弾のチラシ、大反響をよんだ。

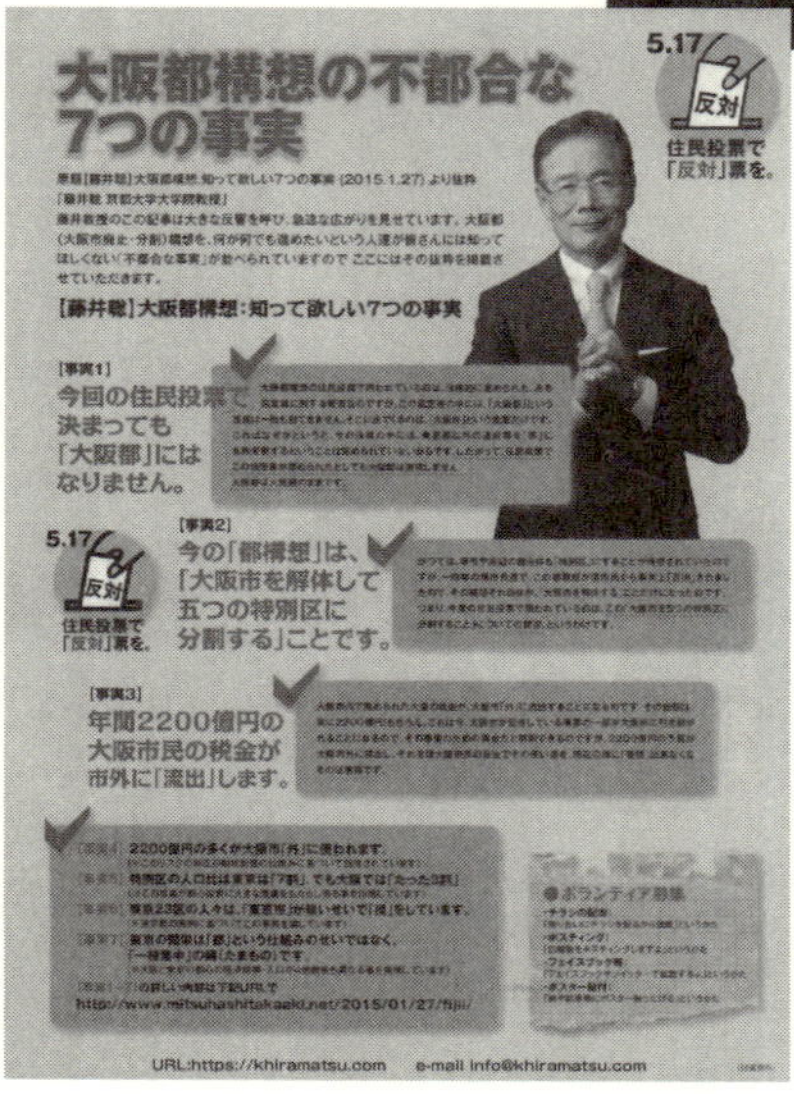

②チラシの裏面。ここに京都大学大学院教授藤井聡さんの『大阪都構想の7つの事実』を掲載。住民投票への関心を呼び覚まし、真実を伝えて、運動の大きな転換点となった。

前に当たる2月7日から、週末に商店街などで配布する活動を始めると同時に、インターネットを通じ、ポスティングボランティアや私のポスター掲示などを募集した。始めた当時、まだ寒い大阪の町で「住民投票って何」「反対するから投票に行かへんで」という反応が多かったが、活動を続けるうちに少しずつ手伝って下さる人も増え、手応えも感じて始めていた。

4月12日に大阪では統一地方選挙があり、「政党」ではない私たちの運動は公選法の絡みからも中断せざるを得なかったが、その期間をチラシ第2版の作成に当てた。初版はひと目を惹くための私のおどけた顔写真、「大阪市をおもちゃにさせへん」というキャッチコピーで、裏面に藤井先生の7つの事実。第2版は維新以外の既成政党が一緒になって作成した「Ｗｅ　Ｓａｙ　Ｎｏ！」という手のひらマークや、私たちの運動ロゴをあしらい、大阪を愛する皆さんへと始まる、シンプルだけど印象が強いチラシに変え私の顔写真は載せなかった。この第2版は統一選後に宣伝材料不足になっていた自民党の市議を中心に要請があり、印刷会社に増刷依頼を毎週のように入れたことを覚えている。私の「翔の会」は個人後援会で政党や団体の支援を一切受けていない。ネットを通じたり、直接お会いしたりした方からの寄付で成り立つ政治資金規正法上の「その他の政治団体」である。しかし、１００日間の運動を通じて25万枚近くものチラシを新聞折り込みすることなく、多くのボランティアの協力で届けることができた。私はこれが僅差の勝利に貢献したことは間違いないと確信している。そして、自らが動いたことによって勝ち取れたと確

京都大学大学院の藤井聡教授「不都合な７つの事実」

①今回の住民投票で決まっても、「大阪都」にはなりません。
②今の「都構想」は要するに「大阪市を解体して５つの特別区に分割する」ことです。
③年間2200億円の大阪市民の税金が市外に「流出」します。
④流出した2200億円の多くが、大阪市「外」に使われます。
⑤特別区の人口比は東京は「７割」、でも大阪では「たった３割」。
⑥東京23区の人々は、「東京市」が無いせいで、「損」をしています。
⑦東京の繁栄は「都」という仕組みのせいではなく、「一極集中」の賜です。

信を持っている市民の数も半端ではないとも。

大きな力をくれた藤井先生の「７つの事実」について、以下に、その概要と論拠を示すので、大阪ローカルの「奇妙な出来事」としてではなく、明日はわが自治体で起きるかもしれない危うい〝帝国幻想〟の「先行事例」という目と思いで、お読みいただきたい。その上で、この「不都合な７つの事実」を手がかりに、大阪から生まれて日本を蝕むおそれのある「危うい〝帝国幻想〟のカラクリ」を検証しようと思う。

【事実１】今回の住民投票で決まっても、「大阪都」にはなりません。

これはもっとも肝心なところである。住民投票に向けて改定された協定書の中には、「大阪都」という言葉は１度たりとも出てこない。出てくるのは「大阪府」だけだ。したがって住民投票で過半数を1票こえて協定書が認められたとしても、「大阪府」は「大阪府のまま」である。なぜかといえば、現行の法律では、東京都以外の道府県を「都」に名称変更することは定められていないからだ。

以前、橋下氏は大阪維新の会のタウンミーティングで「ここの住所はどうなるのか」と聞かれて、「大阪都○○区になります」と答えていたようだが、その後は「大阪府」と言い換え、それでも「私たちは『都』と呼べるようになる法律を作ります」と主張するようになったという。本人は「都構想」と言いながら、堺市を落とせなかった意味の大きさを当然知っていただろう。

【事実2】今の「都構想」は要するに「大阪市を解体して5つの特別区に分割する」ことです。

当初は堺市や周辺の自治体も「特別区」の対象とされていたが、前述のように堺市長選で堺市民から「都構想」が事実上「否認」されたため、実態は「大阪市解体・分割構想」になりさがった。つまり住民投票で問われたのは、「大阪市を5つの特別区に分割することのみ」についての是非だったのである。

【事実3】年間2200億円の大阪市民の税金が市外に「流出」します。

大阪が関西のみならず西日本の中心都市として発展してこられたのは、一般自治体にはない財源と権限がある「政令指定都市」だからである。しかし、大阪市が分割されてできる特別区には、この強力な権限も財源もない。年間2200億円もの莫大な税金が、新「大阪府」の懐に入ることになり、関西のエンジンの役割を果たしてきた大阪市に本来入るべき税金を自ら管理できないようになることは見えている。住民投票で問われるのは「協定書」に対する賛否であるが、藤井先生が協定書を精読し、更に法定協議会などの資料をあたったところ、どう見てもこの2200億円という大阪市の税金が大阪市のために使われるという保証が見当たらない。だから危険だという警鐘を鳴らした。このポイントが維新側にとって一番の的を射た部分だったのか、過激な反応が起きる。

【事実4】流出した2200億円の多くが、大阪市「外」に使われます。

その大阪市から流出する2200億円を管理するのは新「大阪府」だが、それを5つの特別区に使うことは、協定書では触れられていないし、大阪府の財政の逼迫《ひっぱく》から考えてもありえない。

【事実5】特別区の人口比は東京は「7割」、でも大阪では「たった3割」。

それでも、「行政性善説」を信じて、新「大阪府」が旧大阪市（特別区）のために手厚い行政を展開することは考えられないだろうか。橋下氏と維新も、東京都と23特別区の関係を例に挙げて、旧大阪市が貧しくなることはないと言うが、残念ながらそれも期待できない。なぜか。そもそも大阪の特別区の場合は、23区民が東京都の全人口の7割を占めるのに対して、東京都とは真逆に、大阪府全体のたった3割にすぎないからだ。その代表たる府議の数を考えると東京都区選出の都議の数と違うのは明らか。新「大阪府」の議会では、当然、旧大阪市域外よりも多い「新府議」の意向が優先されることが予想される。

「数の論理」からして東京都のような都心を重視した「大都市行政」は大阪においては期待できない。

【事実6】東京23区の人々は、「東京市」が無いせいで、「損」をしています。

これはいかにも藤井先生らしい「逆転の発想」に基づく指摘だ。橋下市長と維新は言外に「都」になれば「だめな大阪」は「羽振りのよい東京」になれるかのように喧伝している。橋下氏が立ち上げた「おおさか維新の会」でも「大阪を副首都」にと東京並みになることをアピールしている。しかし、はたして東京都があるおかげで東京23区は「羽振り」がよいのだろうか。都市問題のプロフェッショナルの藤井先生によれば、東京23区がもしも「東京市」という政令指定都市だとしたら、東京都心はもっと強烈な集中投資が進んで殷賑をきわめていたはずだという。むしろ政令市という「保護システム」がないことで東京23区は「東京都」に召し上げられて「損」をしている。大阪市を5つの特別区に解体するのは、せっかくの「保護システム」を自ら手放すことで、こんな愚の骨頂はないと。

【事実7】東京の繁栄は「都」という仕組みのせいではなく、「一極集中」の賜です。

これはもう説明の必要はないかもしれない。現在の東京23区の「羽振り」がいいのは、「都」という行政システムのおかげではなく、そもそもの経済規模がまったく違うからである。それなのに「都」にあこがれるのは、大量の自主財源を失い、大阪市民をさらなる疲弊に追い込むだけのことである。

藤井氏へ言論妨害

藤井聡先生の「大阪都構想の不都合な7つの事実」は、いかがだったろうか。実に明快で、ストンと胸に落ちたのではないか。私もこれを初めて読ませていただいたとき、「そう、その通り」と何度膝をたたいたことか。

要するに、橋下氏と維新の「都妄想」を受け入れると、「政令指定都市である大阪市は5つの特別区に解体されて完全に消滅、府の従属団体になり、大阪市民は現在当たり前となっている政令指定都市の自治権を財源とともに失う」とズバリ指摘されたのである。

藤井先生の「大阪都構想の不都合な7つの事実」を見て、橋下市長がその的を射た指摘におののき、藤井さんをテレビに出すなと圧力をかける醜態を見せたのも、さもありなんである（詳しくは後に記す）。それほどこの文章は妄想に施された過度の衣装を剝ぎとった。

今度の住民投票の戦いでは藤井先生には感謝してもしきれない。「公共政策論」を専門とする藤井先生は、有権者が協定案のリスクを理解したうえで理性的な判断を下せるよう、発信を続けるとともに、5月5日には住民投票で判断を下す「都構想」なるものが、いかに危険かと行政学、政治学、法律学、社会学、地方財政学、都市経済学、都市計画学など、様々な学術領域の研究者から数多く指摘されているとして、学者の会として18人の学者が集まり、緊急記者会見を開いた。「この防災対策は話にならない」「行政対策も大阪の力も弱くなる」などと鋭く問題点を指摘され、多岐にわたって協定案への疑問を投げかけられた。様々な分野の学者に賛同文を依頼する際に、単なるアンケートではなく、それぞれの知見に基づく意見を寄せるという大前提の下に集められた原稿は、5月9日時点で108人を数えた。（http://satoshi-fujii.com/scholarviews/）だからこそ橋下氏・維新の党は、藤井先生のテレビ出演を妨害するという愚挙に出ざるをえなかったのだろう。

「二重行政解消」でかえって「損」をする！

藤井先生の切れ味鋭い真実へのアプローチには遠くおよばないが、私からも「橋下大阪都妄想批判」をいくつか加える。ひとつは「東京都」という行政システムのそもそもの成り立ちである。

橋下氏は「大阪都」の効用と成立背景を、こう説明する。「昭和18年に、時の東條英機首相が二重行政を解消して、日本の中心である東京を発展させるため、東京府と東京市を統合し、東京都をつくった」と。しかし、それは歴史学者に聞かずとも、事実誤認も甚だしい。

東京都は次のような、戦時体制下の極限状況の下でつくられたのである。すなわち、戦前の首都・東京は、現在の「大阪府」と「大阪市」と同じように、「東京府」と「東京市」が並立しながらも「東京市」の権限がきわめて強かった。しかし、戦時下にあっては、いちいち東京市の言うことを聞いているわけにはいかない。そこで1943（昭和18）年、戦争遂行体制の一環として、国の意のままになる「帝都東京」をつくるために、東京市を廃止して東京都に糾合。「二重行政の解消」を目指したわけではなく、単に戦時下の統治体制に移っただけなのだ。

「聖戦」という「大義」のもとに、自治権をむしり取るべく都区制にしたのだから、本来は戦争が終わったら、元の「東京市」と「東京府」に戻すべきだったのかもしれない。

このように橋下氏が歴史を独自に解釈してまで金科玉条にする「二重行政の解消」について、さらに批判を加えておきたい。

橋下・松井氏と維新は、府と市の二重行政を解消することで年間4000億円の財源が生まれると当初喧伝したが、その後議会での追求により、二重行政の解消による効果は実は約1億円に過ぎないと判明した。これは野党各党も指摘しており、ちなみに公明党は配布されることのなかった「(法定) 協議会だより第4号」にこう記している。

「結局、純粋な統合効果はわずか毎年1億円に過ぎません。効果がないばかりか、特別区設置によるコストの増加については、庁舎改修と新庁舎建設費で497億円、システム改修費で150億円を始めとして、総額680億円もの多額の経費がかかることが明らかになっています」

なんのことはない。「大阪都」ができることで年間1億円は得するが、制度移行のための初期投資に680億円かかるというのでは、「1円儲かるから700円払え」と言っているのに等しい。小学生でもわかる算数ではないか。

さらにいうと、特別区5区を維持するためのランニングコストが、少なくとも年間20億円かかる。その上、特別区に分割することで、「特別区間の調整」「区と府の調整」という新しい仕事が発生。その結果、二重行政の解消どころか、「区・区間の調整・府」という三重行政が生まれる。それによって行政コストは増える一方税収が増える保証などどこにもない。となると、行政サービスは下がり公共料金も上がることになる。なんのことはない、得する得すると喧伝しておきながら、実は大損する。これまた小学生でもわかる話ではないか。

せっかく日本の中で、東京をのぞいて一番財政力指数が高い大阪市の市長であるならば、あるいはそんな町を懐にしっかり抱えている大阪府880万人の知事であるならば、この3年間、お2人は何をなさっていたのかといいたい。二重行政、二重行政と事あるごとに口にするばかりで、やってきたことは、「二重行政を解消するために私たちがやらなければならないのは、大阪市の解体や」と的外れなお題目を叫んできただけではないか。

大阪市をおもちゃにする「都構想」

さらに、4年間大阪市をあずかった私の実務的体験から、いくつか「橋下大阪都妄想批判」を加える。

橋下氏の「特別区のすすめ」の根拠の1つに、「267万人の街を1人のリーダーが治めるのはおかしい」がある。だから、大阪市を分割しなければならないのだ、と。橋下氏が市長選に出ることがほぼ決まっていたころに、彼のこの言説を聞いて、私は「ああ、この人は、市民の中を走る気ないわ」「１人ひとりにいろんなこと聞いていく気がないんやろなあ」「いまから、自分は町の中に出ませんよ、という予防線張ってはるわ」などと思ったものだ。

大阪市を５つに割ると、協定書案では一番人口が少ない特別区となる湾岸区で34万３９８６人、一番多い南区は69万３４０５人。これによって、「より住民の意見も聞ける態勢ができる。なおかつ、そこで特別区長になる人が市民から選挙で選ばれる。もし、この特別区長がダメだったら、４年で辞めさせればいい」と賛成派の学者は言う。

果たしてそうなのか？　２６７万人の街で１人のリーダーでは目が届かないというのなら、69万人は届くのか。34万人なら届くのか。

「２６７万人を１人では見られない」と言うが、横浜市の人口は、わが大阪市よりも１００万人も多い３８０万人。そのトップである林文子市長は、「待機児童ゼロ」や「みどり税の導入」などの施策を次々と実現しながら１人で頑張っているではないか。

また、橋下氏は「大阪市は24区もあって多い、職員も多い」と決めつけて、職員のクビを切ろうと動いている。

職員数をめぐっては、住民投票の数日前、２回にわたって菅官房長官が官邸記者会見で間違った数字を比較し、大阪市のイメージを落とそうとしたとしか思えないコメントを出した。それに対して私は、ホームページ上で官房長官に「架空手紙」を書いたが、もちろん返事はなかった。事実とは何か、印象操作するには何が必要か、様々なヒントがあると思うのでぜひ私の書いた「架空の手紙」をみて頂きたい。(https://khiramatsu.com/suga)

話がそれてしまった。

「なんでいまあるものを、もっと有効に使おうとせえへんねん」と私などは思う。「橋下大阪都妄想」のデメリットをあげつらえば、まだまだいくらでもある。これが百害あって一利もない制度であることは、常識のある人の目には明らかだろう。

それなのに、意図的に誰にもわかりにくいままにして、良いもんだというイメージを打ち上げる。それで市民を騙せると踏んだとしたら、これほど悪質なことはない。橋下氏と維新が「大阪都構想」をめぐって「大阪市をおもちゃにしている」と私たちが言うのは、そういうことである。

プロパガンダと言論封殺

ではいよいよ、本章の核心に入ろう。藤井聡先生の「不都合な7つの事実」で明らかになったことを手がかりに、大阪から生まれて日本を蝕むおそれのある「危うい〝帝国幻想〟のカラクリ」を検証しようと思う。

先に藤井先生の「不都合な7つの事実」は実に明快で、ストンと胸に落ちると記した。また、「大阪都構想」は百害あって一利もない制度であることは常識のある人の目には明らかだ、とも記した。ならば、なぜ投票した大阪市民の半数近くはストンと胸に落ちなかったのか。百害あって一利もない制度に賛同したのか。

この矛盾と謎に答えてくれるヒントが、住民投票の前に行われた藤井聡氏と気鋭の哲学者である適菜収氏とのウェブサイト「矢来町ぐるり」での対談にあるので、その個所を以下に引用する(http://www.gruri.jp/article/2015/05151500/)。

適菜　都構想はウソとデマと粉飾にまみれた詐欺にすぎないのですが、橋下および維新の会はプロパガンダと言論封殺により押し切ろうとしている。橋下らの狙いは、大阪市民からカネを騙し取り、湾岸部にカジノを建設したり、そこへアクセスする高速道路や鉄道を整備することでしょう。そこに莫大な利権があることは容易に想像がつきます。

藤井　ところが、こうした事実がなかなか伝わらず、世論調査では、賛成派と反対派が未だに拮抗している。なぜ、適菜さんが言うデマに大阪人は騙されてしまっているのか。それは全体主義が浸透しているからです。

適菜　藤井さんは近著『〈凡庸〉という悪魔』で哲学者ハンナ・アーレントを援用しつつ、ナチスに象徴される全体主義を〈「兎に角、全体に従うべし」という考え方、およびそれに基づく社会現象〉と定義されています。全体主義はイデオロギーではないので、中心がないんです。そして大衆社会においてプロパガンダとテロルにより拡大する。橋下維新はナチスより純粋な全体主義です。

このあと藤井氏は、「実際、私は維新による言論テロルに遭っています」と言ってそのすさまじい実態を次のように証言している。

1月27日に、「大阪都構想:知っていてほしい7つの事実」と題したメルマガ記事を配信すると、橋下市長はツイッターや記者会見で「バカ」「嘘八百」「こチンピラ」などと罵倒し始めた。

その後も橋下維新は公党名義で京都大学の総長宛てに、〈藤井教授が〉〈国民の税金で研究活動を託される人物として適当なのか貴大学の考えを述べられたい〉と記した文書を送り付け、テレビ局にも「藤井を出演させるな」との文書を送付。国会でも藤井の言説は「デマだ」と断じた。藤井氏は、公権力装置の行使によって番組出演の機会、そして教授の職を失うかもしれない文字通りの危機に見舞われたという。

また、住民投票直前にジャーナリストの岩上安身氏が主宰するウェブサイトメディア「IWJ」(http://iwj.co.jp/)に出演してこうも証言している。

「維新の党は言論封殺を行っています。在阪テレビ局に私を出演させるな、という趣旨の文書を出しています。驚くべきことに、維新の党はそれを隠そうともしません。私が出たら、放送の中立・公正に反する、というのです。これを堂々と、隠すこともなく、ホームページに貼っています。これは非常に重要なのに、メディアが取り上げません。本当に、冗談ではありません。テレビではこのことを言わせてくれません。

こういう感覚を持っている人たちが、大阪だけでなく、日本全体の与党になったらと思うと、非常に恐ろしい。こういう文書を見ると、たくさんいる大阪都構想を批判する学者が、声をあげられなくなってしまいます」

なんとも恐ろしい話である。藤井先生やこうした言論を封殺しようとした勢力に大きな怒りを覚える。

〝ハーメルンの笛吹き男〟がやってきた?

藤井氏と適菜氏とのネット対談でもう一点、注目させられたくだりがある。

適菜　論理的に矛盾を指摘しても「もっと勉強しろ」「対案を示せ」「共産党の仲間か」といっ

た反応しか戻ってこない。（略）大阪市民を騙すという悪意だけが一貫しているのです。

（略）

藤井　（略）「全体主義内部」では全員が異口同音に同じことを言っているという「安住の地」のみを見つめ続けることが必要になる。結果、ますます聞く耳が失われる。

適菜　だから全体主義の外部の意見は封殺の対象にしかならない。

プロパガンダと言論テロルが全体主義の常套手段であるというのは、ナチスをはじめ歴史的によく知られたことであるが、今の日本でそれが深く静かに進んでいるとは、あまり考えたくないことだ。しかし、橋下維新と相対していると、得体の知れない嫌な気分に襲われることがあるのも事実である。

ここで、「都構想」をめぐってそんなふうに気になったことがある。

協定書案の中には、大阪市域から上がる税収2200億円のうち、「都」にはなっていない大阪府が旧大阪市域の5つの区でどう使うのか、きちんと文章化されていない。住民投票で協定書案が認められると、細かい点は「市長と知事が今後決める」と書いてあるだけだ。つまり、住民投票で賛成票を投じることは、大阪維新のツートップに対して、白紙委任状を出すことと同じだと訴え続けた。

この住民投票による「白紙委任」の仕掛けは、かつてヒトラーが権力を掌握するもととなった「全権委任法」を国会での投票により成立させたことを思い出させて、なにやら不気味である。

住民投票の前に、毎日放送のニュース番組「ＶＯＩＣＥ」で市民１００人に「大阪都構想について賛成か反対か」を聞いたところ、６割が賛成、４割が反対だった。その理由について、賛成者の多くは「橋下さんが頑張っているから」「橋下さんが好きやねん」という反応。一方、反対に入れるという人は「嫌いやねん」という人がほとんどだった。

ここまで評価がわかれる政治家というのは珍しい。

「いっぺんやらしてみたら」は大阪にはよくある考え方だともいわれる。「大阪市はとんでもない悪の巣窟だ。それを解体すると叫ぶ橋下はすごい。いっぺんやらせてみようやないか」。市民の多くが、メディアのプロパガンダに染まり、的外れな方向に誘導されて、かりそめのユートピア待望論に身を委ねたのではないか。

そこには長い不況のさなか、一向に良くならない暮らしに辟易としていた市民の満たされない渇望があり、旧来の政治に対する深い絶望があったのだろう。そして、橋下氏の75万票に対して、私は52万票と敗北を喫したのだった。そういえば、彼との対立があらわになって以降の記者会見で「ハーメルンの笛吹き男についていくのですか」と訴えたことを覚えている。

笛で街中のネズミをおびき出し駆除をしてくれた男に、ハーメルンの町の人たちが約束の報酬を渋ったため、怒った笛吹き男は再び笛を吹き鳴らし、ハーメルンの子供たちを街から連れ去ったというドイツの民話である。

今回の住民投票は、賛成が1票でも上回れば大阪市は潰される。5つの区にわかれる。具体的な制度設計などの細かいことは、賛成が決まってから市長と知事が考えるというのがこの協定書の中身だった。それに対して、「あの人たちは間違ったことをしない」「これからの地方行政のあり方をこの人たちがやってくれるから、とりあえずついていこう」と思わせた橋下氏には、やはり「ハーメルンの笛吹き男」のイメージがつきまとってしまう。彼が「駆除」したものは本来は弱い人を守り、社会の安定に寄与するものなのかもしれないのに。

今回、「都構想＝大阪市廃止・分割構想」は大阪市民の力で葬り去られた。しかし、ふわっとした民意を「改革幻想」の中に引きずり込んだ「都構想」はこれで完全に息の根を止められたのだろうか。私はそうは思わないし、再選を目指す松井知事や維新の市長候補は「都構想」への再チャレンジを公言している。

「都構想」なる不出来きわまりない政策が大衆の喝采を浴びる危うさを、私たちはこれからも警戒しつづけなければならない。

第3章

わが体験的「橋下徹論」

離反のきっかけは「水道事業の統合」協議

私はこの数年間、橋下氏の「敵役」の1人に擬せられてきたが、橋下氏に最初に出会ったときは、テレビでの過激な発言で顰蹙を買う事件を起こした割には、第1章で紹介した地振の北尾会長と同じく、腰が低くて愛想のいい人だなという印象を抱いたものだった。

彼と私が徹底的に対立する大きな契機として私は府市の水道統合協議だといつも言ってきた。かなり前になるので記憶を辿るために大阪市のホームページを探すと、こういう記述があった。

「府市水道事業統合協議については、平成20年2月に橋下大阪府知事から平松大阪市長に協議の申し入れが行なわれて以降、大阪府知事と大阪市長との意見交換会や府市水道事業統合検証委員会等、精力的な協議を府市で重ね、21年3月には、大阪市から『コンセッション型指定管理者制度』の提案を大阪府に行ったところです」

長年にわたる府と市の対立関係だけがクローズアップされる歴史に終止符を打ち、民間から選ばれた2人で大阪を良くしたい、そういう入り口から具体的に進めたのがこの統合協議である。

思いつき的な発想が契機となって2年ほどの月日をかけ、大阪市側からは、いつも知事や理事者、メディアに対し、「この水道協議は府、市、住民にとってウィン、ウィン、ウィンの関係を目指す具体案である」と一貫して言い続けたことを覚えている。

ところが大阪府庁の移転問題（旧ＷＴＣ）での議会との対立から自民党を飛び出した松井一郎氏らと新党を結成する流れ、つまり大阪維新の会の誕生と期を同じくするようにこの協議は破綻する。それとともに「話し合う相手」から、「罵倒・叩き潰す敵」へと彼と私の関係が変貌していった。彼が多くの府民の信託を受けた知事である以上、そして共に民間出身ゆえに、しがらみを超えて「大阪のために」仕事ができればいいと思っていた。しかし彼がここまで政治モンスター化するとは思わなかったし、私が選挙に敗れてからも執拗に橋下氏から陰湿なイジメを受けるとはまったくの想定外であった。

本章では、そうした私の体験をベースにして、橋下徹とはいかなる存在なのかを検証していこうと思う。

府・市の「二重行政の解消」というウソ

そもそも、橋下知事と私は最初から対立関係にあったわけではない。

大阪府と大阪市というのは歴史的に対立することが多く、「府と市で府市合わせ（不幸せ）」などと揶揄されてきた。極端な例としてバブル末期には建設中のビルの高さを競い合って計画を変更したという「伝説」もある。この「伝説」の根拠を探すために調査委員会を作って、とことんその経緯を明らかにしようとしたが、「情報」というものへの取り組み方が今とはずいぶん違う時代のこと。「伝説」の真の姿を表に出すことができなかった。

役所文化を変え、行政の本当の無駄をなくすため、民間出身の首長として、私たちはほぼ同じ時期に役所に乗り込んだ。共にテレビの世界にいた――彼はコメンテーター、私はアナウンサーと立場は異なるが――ということもあり、最初のうち私たちの関係は良好で、それまでの府・市の溝を埋めるべく連携を模索していたのである。

橋下氏からメールや電話がよく届いた。「いままでの知事・市長で、ここまで親密にいろんなことを話し合える関係はなかったね」「なかったよね。『府市あわせ』って言われていたのに」などと言い合っていた。今となっては、ウソのような本当の話である。

2009年に「水都大阪2009」という一大イベントが開催された。

中之島が長い年月を経て現在のように綺麗に整備されたのを記念してのイベントである。大川、東横堀川、木津川、道頓堀川という「水の回廊」と呼ばれる四角形を整備して、舟運を活性化させて、「水の都」の復活を果たしたと宣言するイベントである。そこには官民一体となった取り組みと、多くのNPO、アーチストが参加し中之島一帯と回廊の周辺が大いに賑わった。関連イベントの際、橋下氏が「水質をきれいにし大川で泳ぎましょう」と子供っぽくはしゃいで言っていたのを覚えている。

2人の〝蜜月ぶり〟を象徴するのが「はじめに」に載せたイベントのポスターで、私と橋下氏の顔が、道頓堀川だったか大川だったか忘れたが、川からポーンと浮かび上がっている絵柄だった。これもまた今や誰からも信じてもらえそうにない実話である。

そのとき一番驚いたのが、全国の県、あるいは市の東京事務所の職員の皆さんだったらしい。この一枚のポスターを見て、「大阪、変わるかもしれんな」と言われたと聞いたし、ある自治体の東京事務所からポスターの注文が来たという報告も受けた。府県や自治体のイメージ合戦というのは今や当たり前のことで、県名までもがその対象になっている昨今とは違い、ある意味斬新な印象だったのだと思う。政策を巡る少々の違いは知事、市長としての仕事内容の違いや、年齢も離れているし当然だろう、それを乗り越えてでも大阪のために何ができるのだろうかと模索した日々だった。彼のほうが若く、行動力・発信力があり、そうした面を府知事として大きなところで発揮してもらいながら、私は大阪府の中心で稼ぎ頭の大阪市にさらに磨きをかければいいと正直思っていた。

前述したように私と橋下氏の関係のターニングポイントは、水道事業の統合協議である。メディアでは以前から二重行政として取り上げられ続け、無駄な投資と映る府と市の浄水場がほとんど隣り合わせに存在している映像をご記憶の方も多いだろう（府は府域への用水供給、市は市域だけへの一貫水道事業と厳密には二重行政とは違うのだが)。

情報公開を私の方針としていたことや、橋下氏のパフォーマンス志向もあって、この協議はすべての情報をオープンにして行われた。その結果、大阪府内の市町村へ用水供給している府の水道事業を市が受託するコンセッション方式への移行で合意した。

合意に至る紆余曲折はあるものの簡単に言えば、大阪府の水道資産はそのままにする。その代わり運営に関しては大阪市が取水から給水までの世界的にも優れた技術集積を持っているので、大阪市に委託する。大阪市が委託を受けた形で府営水道を全部面倒見ることになれば、府にとっても市にとっても経費が下がる。なおかつ、安定した給水ができる。ウィンウィンの関係である。

覚書を交わしたのは、協議を始めて1年半以上経った2009年の9月。

府・市で統合とはいかなかったが、府・市協調の第一歩は築けたと思っていたら、2010年2月に急きょ雲行きが変わる。

私には何の連絡もなく、メディアに「府市水道協議はご破算に」という観測記事などが掲載され始める。知事からは何の連絡もない。いろいろと取材してみるとどうやら「府下の市長の多くが反対している」ということらしい。受水している、用水供給を受けている府下の首長らが反対を唱えているからというのである。

「受水市町村の総意において、コンセッション方式は選択しない。府域水道事業の今後の方向性としては、基本的には企業団方式で検討を進めることとし、将来的には大阪市を巻き込んだ府域一水道を目指していく」。それが大阪府からの最終回答であった。

コンセッションで合意したころには、私は橋下さんに「あなたはここまで人気があり、メディアをいつも引き連れていろんな発言ができる人なんやから、大阪市をのぞく42市町村1つひとつ説得に回りましょう。メディアもついてきますやん。何日かかってもいいから説得の行脚に出るパフォーマンスでいいやないですか」と言った。

しかし、このゼロ回答が見直されることはなかった。しかも橋下知事は、「大阪市が他の市町村から信用されていないからだ」と責任を転嫁。それも直接ではなく、メディアを通じて——。

実はこの水道協議については私自身にも反省する点がないわけではない。橋下氏との関係悪化の決定打であることは間違いないのだが、当時は市の理事者、水道局の優秀な技術者が中心になって連日レクチャーを受けた。そして、大阪市の優秀な技術を知るにつれ、大阪府が大阪市の水道を呑み込もうとしているとの危機感があったのも事実である。そのときに市長として考えた第1は「統合」が「市民に説明できるかどうか」という1点だった。

住民投票を前に「どうしよう大阪市がなくなったら　市民学習会」が開催されたときのことである。「都構想でどうなる大阪市の水道」というテーマで、その講座にゲストとして参加した。水道というライフラインをも「民営化がいいものだ」という論理で進めようという流れに対し、講師の辻谷貴文氏が世界の水道事業が再公営化されつつある潮流を紹介してくれ、利益最優先のグローバル企業の論理に対し、現実に国単位、地方行政単位で再公営化が進んでいるという、あまり表に出てこない「事実」が紹介された。

水道統合協議についての私の印象は、こうした講座を聞き、さらに大阪市水道局のずば抜けた実力（市長時代の都市プロモーションで、必ず水道水ペットボトル「ほんまや」を携行して宣伝もした）を考えると、大阪府域のみならず、より広域のために長い時間軸の中で検討するという方向を模索する余地があったのではないかとの思いに駆られている。

浄水技術は、日進月歩の世界。今の高度処理水を作るには大きな電力や活性炭が必要になるが、そうしたものを改善していくなかで、きっと府民、市民のみならず、関西圏の水道の中心に大阪があるという未来を描けるのではないかという気もしている。

結局、はしごを外されたのが私である。方針変更についても、協議打ち切りについても、何の連絡もなかった。逃げ足が速く、言い訳だけは巧み――。この一件は、私にとって橋下という人は信用できない人であると結論づけることになった。

ちなみに、北海道大学准教授の中島岳志氏は『ハシズム！』（第三書館）でこの一件にふれてこうコメントされている。

「橋下氏は、繰り返し『前言撤回』を行い、『一度オーケーしたことを覆す』ことから、メディア関係者から『クルクル王子』と名付けられ、批判されています。水道事業の統合問題では、大阪市側との合意事項を撤回し、責任を平松氏に転嫁しました。『約束の反故《ほご》』は、彼の交渉術に含まれる常套手段なのです」

今までの知事・市長という関係と比べて「想定外」なほどいろいろと話をする時間はあったが、就任当初の文化行政に対する話し合いの時点から感じていた違和感は確信に変わる。きっと彼は言うだろう「騙されるほうが悪い」と。

行政は連続性にこそ価値があると言われる。さきほどの中之島の整備ひとつをとっても、第7代關一《せきはじめ》大阪市長（在任1923〜1935年）のころに、都市の環境にとって「公園」の大切さを訴え続けた先駆的な精神を受け継ぎ、私の前に何代も市長がいて、協力企業や職員・市民がいる。その果実を受け取るタイミングで私が市長になり、橋下氏が知事になった。

維新の会は、「府・市の二重行政を解消する」というときに必ず引き合いに出すのが、府と市が競い合って建てた旧WTC（ワールドトレードセンター）ビル＝現・府庁の咲洲《さきしま》庁舎と、りんくうゲートタワービルだ。これが二重行政の象徴だと言うが、これもウソである。基本的にはバブル期の政策の誤りに過ぎない。私も橋下氏もそのバブルの後始末の時期に市や府に入ったというめぐりあわせである。

それを彼らは「府と市が1つになったら2度とこんな二重行政は起きない」と大声で喧伝した。なんでもかんでも二重行政だと決めつけて大阪市をなくせばムダがなくなるかのような主張をする。よしんば二重行政が本当にあるとしたら、前述のようにこの3年間、橋下氏は私の在任中以上に松井氏と一緒にいる。大阪維新の会の代表と幹事長だし、東京にも一緒に行って、いろいろ政治的な動きもしている。そんなに時間があるのなら、なんで「二重行政」を解決しようとしなかったのだろうか。

首長と議会のチカラでやりたい放題は民主主義ではない

もうひとつ、身近なところで中学校給食の話をしよう。

大阪市では平成24年度秋から順に中学校給食を始め、現在は全中学校が対象になっている。今の給食業者は4社あると聞いている。公募で、最初二百数十社が手を挙げたものの、あまりに厳しい条件にみんな手を下ろして最終的に4社だけが残った。その中で、大阪市内の業者は1社だけだと聞く。

給食費として、保護者負担と税金を合わせて1人につき500円投入されている。確かに食材の吟味であるとか、あるいは市外の業者だから配送料であるとか、さまざまな経費がかかるにしても、「500円も出しているのに、一番育ち盛りの中学生にこんなもんだすか」と、ある先生がフェイスブックにアップした写真を見てその余りの貧相な内容に驚き、私もフェイスブックに意見を載せた。

すると橋下氏が、「平松さんのころも冷たいままやった」と言ったそうだ。「平松がこんなことをつぶやいていましたよ」と注進する情報網がおそらくあるのだろう。私は、「冷たい」という批判は一切していない。確かに私のときも、おかずは冷たいままだった。そのころは給食ではなく「昼食提供事業」として、選択制であった。家庭でお弁当をつくれるところは持たせてもらい、子どもにお金だけ持たせ、何を食べているかわからないという保護者のために、当時300円か380円と思うが、選択制の昼食事業というものをやっていたのである。

でも、申し込む子どもが意外と少なかった。なんとかこの事業を入り口に広げていかないと、完全給食実施はむずかしいと思っていた。ところが橋下氏のすごいところはここである。「やるんだ！」と強権を発動する。

私は、給食に関しては食育の観点から、子どもの育ちに必要な栄養バランスや量など、教育委員会とかなりの回数協議をし、業者の献立や注文方法などの検討を理事者と一緒にやった。税金を投入するからにはきちんと効果が見える形になった上で、従来「愛情弁当論」というものが言われていた議会に理解してもらいながら進めるのが行政だと思っていたし、それがある意味市長の仕事の醍醐味であるとも感じていた。

反対の会派がいても最終的には合意がとれるかたちでいくのが、二元代表制の下の議会制民主主義だと思い実行してきた。当然、時間はかかる。

ところが、「いくんだ！」という首長の発言はものすごい力を持つ。

これはある大阪市会議員の方も言ったことだが、首長の権限というのはここまで大きいものだったのだと。

つまり、性善説で成り立っている議会制民主主義、二元代表制、代議員制度の中でも、人事権と、ある種の拒否権を持っている首長という存在が、本来担保されているはずの「民主主義」の手段を飛び越えることに「喜び」を感じる人の下では、機能しなくなる危険性と隣り合わせであるということだ。議会で否決されても、首長の権限として「再議権の行使」ができる。首長が「これをやるんだ」と言ったら、再議権を使える余地がある。

いま維新の会は市議会の中で3分の1以上の議席をもっている。再議権が行使されたときの議決は、議会の3分の2以上の賛成が必要である。いくら二元代表制といえども、こういう議会構成では、首長の特権で「こういうことをやりたいんだ」と言ったら止められないのが現実である。しかし、余程の対立がないと「再議権」の行使はしないのが「良識」ある関係であることは間違いない。

行政に求められる民主主義の本旨はどこにあるのか。少数意見を大事にしながら大筋の意見との調整を果たし、より多くの人の幸福を求める。そのために少数意見を持っている人にはある程度納得してもらうだけの情報と説得が必要になる。まどろっこしいし、時間はかかるが、それが対話を生み、社会の安定に繋がるのである。もちろん、対立型の社会で生き残る自信がある人が絶対多数になると「弱肉強食」を絵に描いたような社会が到来する。

「再議権の行使」などという、めったに使われないような議会運営の細部について市民はほとんど知らない。「自分らの暮らし変わらへんわ」と思っている人も少なくないと思う。しかし、これが今の大阪市議会・府議会の姿である。橋下氏・大阪維新の会（今年の統一地方選挙でも府議会はあわや過半数。市会でも議席を伸ばした）の意向を通すための無理強いができる環境にある。「こんなはずではなかった。私は騙された。もういっぺん戻そう」といっても戻らない。これが一番怖い。「今必要なのは、独裁政治だ」と平気で公言する首長を私たちは8年近く戴いていたのである。

ものごとの単純化と反対意見の問答無用の切り捨て

一番不思議なのは橋下氏の思想信条がどこにあるのか、私にはまったくわからないことである。

大阪府知事時代、彼がどんな成果を上げたのか、何を目指していたのかも当時はわからなかった。前述したように、基本的には強者の論理の信奉者、市場原理主義やネオリベラリスト（新自由主義者）的なスタンスに見えるが、単純にそれだけでもないようだ。その場その場でメディア受けを狙った発言を繰り返すため、首尾一貫した思想や哲学といえるものが見えてこない。アドバルーンを上げて世論やメディアの反応を探り、前言撤回をしても、それを「潔さ」だと見せる手法にたけている。

かつて「文藝春秋」（2011年11月号）に寄稿した記事でも紹介したものだが、その典型的な事例を2つ挙げよう。

普天間基地の移設先が問題になっていたとき、彼は個人的な考えとしながらも「関西国際空港でその機能を受け入れることも検討すべきだ」と発言。実現不可能だとわかっていながら、とりあえず耳目を引く極論をぶち上げてみたのである。しかも、発言の約1年後、仲井真弘多沖縄県知事が関空視察の意思を示されたのに対し、「関空は伊丹空港と統合の話がスタートしたので、（視察するなら）神戸空港へ」と突き放したのである。政局漫談レベルなら許されても、現職知事が軽々に口にするような発言ではない。

もうひとつ、震災後から盛んに言い始めた原発に関する発言にしてもそうだ。関西電力の15%節電要請に対し、「府は協力しない」と一蹴し、「原発が必要なら電力消費地の大阪に造るべきだ」

などと言い放つ。

私も、火力などのいわゆる埋蔵エネルギーを活用し、代替エネルギーの開発に取り組んだうえで、将来的に、反原発ではなく脱原発を目指すべきという方向性は同じである。関電に対し節電要請の15％という数字の根拠が示されないのはおかしいということを指摘し、節電効果を問う公開質問状も出した。筆頭株主でもある大阪市の市長として、初めて株主総会に出席し意見も述べた。

ある日、府庁で記者会見する際の背景ボードにこんなキャッチコピーがあって驚いた。「エアコン切れば原発止まる」。猛暑で高齢者が熱中症になったり、病人を抱えたりしているご家庭だってある。設定温度を変えるだけでも節電効果はあるのに、あのコピーを見た人たちはどう感じるだろうか。

原発問題といえば、福井原発の再稼働についても橋下氏は当初絶対認められないと反対だったのが、その後、反対の旗を降ろしてしまった。なぜそうなったのか、納得いく説明はなされていない。前言を翻しても、まったく詫びもしなければ、責任をとろうともしないのは、橋下氏だけに許された特権のようだ。

「発信力がある」とされる彼の発言というのは、結局こうしてさまざまな問題を切り捨てて単純化・短絡化しているだけなのである。だから、彼の言葉はワンフレーズで力強く、わかりやすい。

でも、そんなわかりやすさは危険だ。何度かフォーラムや意見交換会で同席したが、彼とは対話が成り立たない。あらゆる問題を自分の恣意的な価値観によって「イエスかノーか」「賛成か反対か」の二者択一の設問に変え、単純明快な回答を迫る。自分と意見が違えば、こちらが守旧派であるかのように決めつけ、一蹴する。世の中の不満や閉塞感に乗じて敵を作り上げ、嵩にかかって攻め立てる。そういう相手と対話が成り立つはずがない。

弁護士時代と同じように、少々乱暴な表現や過激な主張をしても許されると彼が思い込んだきっかけは（2009年3月の）国の直轄事業負担金をめぐる「ぼったくりバー」発言ではないだろうか。メディアで大きく報じられ、喝采を浴びたことで、本人も手ごたえを感じただろうし、メディア側も見出しになる発言をすると、折に触れてコメントを求めるようになった。発言や施策の中身がきちんと検証されないまま繰り返し流されるうちに「ヤンチャやけど、おもろいことを言って頑張っている」というイメージができ上がっていく。あらゆるメディアを通じて、同じフレーズが幾度も繰り返され、印象操作とかサブリミナルという以上の影響を与えているのではないだろうか。

そして、ある時期から攻撃の矛先が大阪市へ向かうようになり、「大阪の停滞の原因は大阪市役所にある」「市役所を解体しなければ大阪の再生はない」という大阪市悪玉論へ急速に傾いていったのである。

それにつれて、私に対する批判やいわれなき中傷が増えていき、いつの間にか私は改革を阻止しようとする保守反動派であり、大阪市職をはじめとする既得権者の代弁者に祭り上げられてしまった。

これは、すべて計算ずくでやったことであろう。彼は初めから大阪市を解体しようと市長になった。その集大成が「大阪都構想＝大阪市廃止・分割構想」だったのである。そうして彼は、「トロイの木馬」として大阪市に乗り込んできた。大阪市民の大半が彼のトリックに引っかかったというと、私はまた大きなブーイングを受けるのだろう。彼を信じている人から見ると私は「悪役」そのものという風評を流され続けているから。

橋下氏のツイッターは読まないことにしている

橋下氏の社会への影響力はツイッター発信でより強化されているようだ。

だが私は彼のツイッターをほとんど読んだことがない。人格攻撃にも等しい激越な調子だとは様々な記事や、私宛に回り回ってくるツイートで知っている。そして、彼の毒に満ちたツイートについて、「普通の感覚」を失わないようにという立ち場から「橋下ワクチン開発室」というツイッターアカウントがあるくらいだ。彼の毒気を如何に中和するかということなのだろう。「開発室」のブログサイト冒頭は「『橋下ワクチン開発室』は当時大阪府知事だった橋下徹さんのTwitterの解読を目的として2011年に開設されました。本サイトは2015年5月17日に実施される住民投票での『大阪市廃止・分割』に反対しています」と書かれており前回のダブル選挙までは「毒気」の中和剤的人気があったアカウントである。

本書を執筆するにあたって、編集者のMさんが「橋下氏はこんなツイッターを書いているんですが、読んでみませんか」と打ち出したコピーを見せてくれた。だが、私は直接彼のツイートを塊で見ることはほとんどなかったので目を通すことをためらった。

Mさんは、「橋下氏を特徴づける重要かつ深刻な要素の1つは、敵に対する口をきわめた人格破壊攻撃なのです。これに関して平松さんの見解を書かれてはどうでしょう」というのである。その理由として、私自身のことはもちろん、私に近しい人たちのみならず、彼に口汚くののしられた人たちの名前を上げ、彼の人格攻撃の凄まじさを多くの人に知ってもらいたいという申し出であった。

Mさんがその名前を挙げた中に、特に親しくして頂いている方たちも、もちろんいたことは知っている。

私が大阪市長時代に顧問を務めていただいた神戸女学院大学名誉教授で武道家でもある内田樹《たつる》さん。私が関わるシンポジウムになんどかパネリストとなっていただいた北海道大学法学部准教授の中島岳志さん、などなど。

私は市長退任後、公共政策ラボを立ち上げて、連続シンポジウム「今・日本・何故」を東京、大阪、神戸で都合4回開催した。そのシンポジウムのタイトルを付けるにあたり、「あの人にバカと呼ばれた仲間たち」はどうかと内田先生に聞いた。即座に「却下」された。このシリーズはこれから先のことを考えるための企画をしようというのに、他人の口舌に乗っかるのはどうか、と言う理由だったように記憶している。「却下」納得。しかし、私は生まれも育ちも関西人、どこか自虐ネタの面白さを求めているところもあり、シンポジウムでこの話を時々する。やや固くなりがちな話の流れの際に、ふっと肩の力が抜ける感じを聴衆と共有するためだ（そのシンポジウムは『脱グローバル論』として講談社から出版されている）。

しかし、橋下氏の毒の塊を見せられた瞬間、私の執筆作業は止まった。数日間進められなくなった。そして最終的にMさんに言った。「読むのも、まして本書に取り上げるのもやめましょう」。聞けば、彼のツイッターをまとめた本も出されているらしいので、興味のある方はそちらを読まれたらいい。彼の実像が見えるかもしれない。私は決してお勧めしないが。

私もツイッターをやる。だが、この便利なSNSメディアで他人を貶めようなどとは考えたこともない。「文は人なり」という。あるいは「綸言汗《りんげん》のごとし」ともいう。「言葉」と「文」は政治家のみならず人としての基本線であると信じた人生を歩んできたから。

「父親的なものにつばを吐きかけて、ぶち壊しにする」

橋下氏がまやかしの「大阪都構想」をぶち上げ、その批判者に対して暴言の限りをつくし、恬《てん》として恥じない様子を見て、識者たちの「橋下論」が盛んになっている。「いったい、この橋下徹という男、なんなんだ?」というわけである。橋下徹というモンスターの正体を探ろうとさまざまな洞察がなされてきた。傾聴すべきものがいっぱいある。その一部を紹介する。

わが師、内田樹先生も、雑誌「新潮45」の2015年1月号に掲載された日本総研研究員の藻谷浩介氏との対談の中でこう語っている。橋下氏の行動原理に対する考察である。

「あの人は本質的に反父権制なんです。『父親的なもの』が嫌いなんです。法曹が嫌いで、教師が嫌いで、官僚が嫌い。こいつらをできるだけ辱めて、痛めつけたいというのが彼の行動原理じゃないですか。

だから、まずは弁護士になった。弁護士だけれども茶髪でサングラスで革ジャンを着て、テレビに出てチャラチャラして、世間は弁護士をありがたがるけれども、色と欲で動くただの俗人だということをテレビでうるさくアピールして法曹の社会的威信を落とした。

そして、次は政治家。俺でも政治家になれるというかたちで政治家を愚弄した。次に教師を恫喝して、そのメンツをまる潰れにした。それから役人を罵倒して、その威信を地に落とした。そうやってこまめに世における『父権的なもの』の組織的な価値下落のために努力した。たぶん個人史的なトラウマがあるんでしょうけれど、行動に一貫しているのは反父権制ですね」

内田先生はこのあと、橋下氏には根源的な破壊衝動が強く、それは有権者にも共有されていると指摘。橋下氏が高い支持率を保っているのは、大阪の有権者が彼に期待しているのが政策の成功ではなく、今のシステムの瓦解だからではないかという。これに対して藻谷氏が述べた見方が面白かった。

「『20世紀少年』（浦沢直樹著・講談社）のような不気味さを感じますね。人類を滅ぼそうと密かにウィルスを撒いている『ともだち』という独裁者を、国民が信用しきっているという設定。子どもたちには『裸の王様』に気づく感性があるけれど、大人たちは空気に支配されたまま」

橋下人気が続くのはなぜなのか、それを支えているのは誰で、その何が危険なのかをこのお2人の対談が示唆している。いや、私たちにも責任の一端があると明示したのである。

そこで、このへんで藤井聡先生にも登場していただこう。同じ雑誌『新潮45』の15年10月号で適菜収氏と対談をしており、「凡庸の悪」についてこう話している。

「凡庸な人間は虚栄心ばかりが強い。仲間内だけで人気者になり、人にバカにされることを気にし、どんなしょうもないやつからも評価されたがる。出世だけに気を使い、そのほかの動機は皆無」

こう凡庸な人の「虚栄心」の所見を述べて、続いて橋下氏に言及する。

「橋下さんの行動を見ていると、総理と面談した直後に、すぐツイッターに徹底的に書き込んだ。その政治的な野心は昇進に恐ろしく熱心だった（ナチスの）アイヒマンに重なります。大阪都構想も、『テレビに出て熱心にしゃべるふりを見せることが大事』と言ったりするのも、彼の行動のすべては、すさまじく深い広義の『虚栄心』が深くかかわっているように見えます」

内田先生の「橋下は反父権である」と藤井先生の「凡庸の虚栄心」、ともに頷いてしまうのは私だけではないはずだ。

「ハシズム」は「ファシズム」なのか？

さて、ここまで、橋下氏とは何者なのかについて、さまざまな人の多様な言説を援用しながら検証してきた。最後は、読者がもっとも知りたいであろうテーマをとりあげて、本章を閉じるとしよう。すなわち、橋下主義（ハシズム）とは「ファシズム」なのか？

橋下氏が知事の椅子を任期中途で放り投げ、大阪市長選に出ると決めたころ、2011年6月に開いた「大阪市からむしり取る発言」がでた政治資金パーティの席上で、「日本の政治で一番重要なのは独裁。独裁と言われるぐらいの力が必要だ」とも語った。

「独裁」と言った口で「日本で独裁などできる訳ない」という至極当たり前の表現を後日フォローする。そして、本心がどちらにあるかを聞いた側に委ねる。「Aと発言しました」「翌日、正反対のBと発言しました」。ひと粒で何度でもおいしいという表現は「橋下番記者」の前に投げられる日替わり定食だ。「独裁」という強権のあり方を発言した瞬間でも、メディアは面白おかしくとりあげ、あろうことか、その発言の危険性を伝えるのではなく、つぎはどんな餌をくれるのかと涎を垂らしながら待ち受ける。あたかも動物園状態の記者クラブの姿が浮かんでしまった。

ふつう、「独裁」は「ファシズム」の文脈で取り上げられる。中国共産党は「一党独裁」の非民主的国家だから西側から嫌われる。北朝鮮にも若い独裁者がいて、世界を悩ませている。「独裁」にいいイメージなど何もない。それが橋下氏の場合はまったくといっていいほど問題にされなかった。

その発言をしたのが彼に「大差」で敗れた市長選の5カ月前のことであった。彼自身が叫ぶように、〝民意〟で橋下氏は大阪市長になったのである。この市長選の選挙結果は、橋下氏が凡そ

75万票で、私は52万票。比率にすると59対41。マスコミはこれを、橋下氏の圧勝と報じた。ただ彼は、投票総数の3分の2も獲得していない。さらに投票率を考えると3分の1の人の支持しか得ていない。棄権も第1章で触れた住民投票よりも多かった。これで果たして「圧勝」と言えるのだろうか。

しかしここでは、世評どおりの「圧勝」ととらえて話を進めていこう。

どうして彼が圧勝したのだろうか、ということを考えるときに、参考になるのが、市長選の翌年の2月に行われた、北海道大学グローバリゼーション研究会主催のシンポジウム「橋下・大阪維新の会を考える」での池田浩士先生（京都精華大学客員教授・京都大学名誉教授）の講演である。私も、このシンポジウムに出席していた。

池田先生はファシズムの研究家でもある。当時の「ハシズム」の奔流をドイツのナチスの台頭と照らし合わせてわかりやすく解説された。以下、「元気ネット大阪」のブックレット『橋下・大阪維新の会を考える』から適宜引用しながら講演の骨子を紹介していこう。

ヒトラー率いるナチ党が政権をとったのは、１９３３年の3月のこと。選挙公約の目玉は「失業の解消」だった。ナチ党は政治プロパガンダに非常にたけていた。ヒトラー政権になれば失業を解消すると訴えたのだ。

「ドイツはなんでこう失業率が高いか、みんなわかっているな。それはユダヤ人がドイツ人の職を奪っているからだ。やつらから職を奪い返すのだ」

当時のドイツの完全失業率は44・4%。国民の半数近い人が職に就けないでいたのである。ナチ党は熱狂的な国民の支持を受け、第一党の地位を奪う。

そして、ここから面白いのだが、池田先生があるエピソードを紹介してくれた。


「これはほんとうの話ですが、どんなドイツの専門家でも気付かなかったことを、戦後35年たった1980年、当時、西ドイツのベルリンの高校1年生たちとそのクラス担任の女性教員が発見した事実があります。

そのころ、ネオナチというヒトラーを崇拝する若者が登場して、野宿者を襲撃して殺したり、外国人の出稼ぎ労働者を襲撃するなど、排外主義的な風潮が出てきました。どうして戦後のドイツでまたヒトラーの崇拝者が出てきたのかと危機感を抱いた高校生や教員が、もういっぺん歴史を学び直しました。

その中で、ヒトラーが大失業状況のなかで、ユダヤ人から職を奪い返すという戦術で選挙に勝ったことがわかりました。

それでは、当時のドイツの総人口の中でユダヤ人の比率はどれくらいだったのかと疑問をもって調べました。

すると、6400万人の総人口のうち、ユダヤ人はたった54万人。そのうち2割はドイツ国籍を持っていません。8割がドイツ国籍を持っているユダヤ人で、総人口の0・8%。100人に1人もユダヤ人はいなかったんです。

完全失業率44・4%の失業状況を、ユダヤ人から職を奪うことでどうして解消できるのか。誰も気が付かなかったことを彼らは発見したのです。

ドイツ人も気が付かなかった。ユダヤ人から職を奪えば俺たちは就職できると思ったわけで、戦後になってもナチスはそれで勝ったという、既成の事実だけが独り歩きして、そのカラクリを誰も見ようとしなかった」(『橋下・大阪維新の会を考える』から)

こんなインチキでナチスは政権をとった。ずるいというか、あざといというか、その後のドイツが陥った悲惨な戦争に思いを致せば、ナチスのプロパガンダの威力に慄然とする。ユダヤ人を悪者に仕立てて、からくりの失業救済策をでっち上げる。うん? これは誰かの手法にそっくりではないか!

労働組合と大阪市を悪者にして、からくりの「大阪都構想」を華々しく打ち上げ、市民の大向こう受けを狙う。政策の出鱈目さと手法の悪どさを増幅しているのはナチス時代とは比べ物にならない現代のメディア状況だ。SNSを通じた煽りなど多種多様な、そして瞬時に世界を駆け巡ることが可能なプロパガンダ手段を大衆に向けてつぎからつぎに発信し続ける。

ヒトラーの『我が闘争』には、プロパガンダについてこう記されている。

「プロパガンダの芸術とは、まさにこの点にある。すなわち、大衆の感情に基づく表象世界を理解し、心理学から見て正しい形式をとれば、注目を集めるばかりか、ひいては広範な大衆の心へ至る道を見出すのである」

池田先生は歴史とその実相についてこう述べた。「私たちにはほんとうの現実は見えない。現実が見えないどころか、歴史も見えない。歴史が見えないのは調べればわかります。（中略）私たちは一生懸命生きていれば生きているほど、自分の位置が見えないんだということを、たまには噛みしめてみる必要があるのではないかと思います」

今度の住民投票では、見えない現実（大阪都の虚構）を懸命に考えた人の行動が効を奏し、大阪市を首の皮一枚で残してくれた。ナチスの喧伝した「失業率のウソ」を見破ったのがドイツの高校生であったことを、その真実をうかがう純なまなざしを、日本の若い人たちにも知ってもらいたいし、確実にそうした思いを持った若い世代が育ちつつあると感じている。

第4章

稀代のトリックスターはどう生まれたのか

「橋下的なるもの」を支える社会

前章では、橋下徹とはいったい何者なのかを、識者の分析・考察を引きながら考えてみた。その正体が明らかになるつれ、ではなぜ「政治トリックスター」がこの世に生み出され、喝采をもって大衆に受け入れられたのかと、大きな疑問を誰しも持つだろうと思う。

その答えは、大きく2つあると私は考えている。

まず、橋下徹という「政治トリックスター」を生み出したのはメディア、特にマスコミであるということ。正確にいえば、彼がマスコミを上手につかい、マスコミも彼を活用し、その相乗効果（共犯関係）のなかから橋下的政治トリックスターが完成した。

もうひとつは、橋下徹に歓喜する大衆・民衆の存在である。彼らを橋下氏はたくみに挑発し、彼ら大衆・民衆もまた橋下氏を支えるという関係のなかで、橋下的政治トリックスターが完成したと見る。日本の大衆と社会の公器であるメディアとのコラボレーションが生み出した異形の政治家が橋下徹であるならば、私たちはただ彼を日本の政治の世界から追い出すことで事が済むと安易に考えてはならないだろう。

なぜならば、人が「社会的な存在」である以上、トリックスター橋下徹もその社会の要請、ある種の必然としてとらえなければならない。したがって「橋下的なるもの」を受容する今の社会のありようにまで立ち入らなければ、私たちは再び「橋下的なるもの」の登場を許すことになりかねない。現に橋下氏は維新の分裂・新党結成に動くなどその政治への野心は、「政治家引退」という言葉とは裏腹に明確に見てとれる。

メディアとの相関関係をつくり出す

まずは、橋下徹氏とメディアの相互依存関係について検証してみよう。

両者の持ちつ持たれつの関係は、「都構想」をめぐる住民投票のなかでも、実に強固に力が発揮されたのを目のあたりにした。第1章と第2章で明らかにしたように、理は私たちにあったにもかかわらず、都構想反対派と彼ら賛成派は最後まで拮抗しつづけた。それはメディアを利用し尽くす戦術の歴史が、有権者にいわゆる「刷り込み」となって心の奥底に投影されたことに原因があると思う。堺市長選挙で「堺市の分割」に対して明らかなNOが突きつけられたにもかかわらず、その検証すらせず日々「都構想」のネーミングのままに伝え続けたマスメディア（特にテレビ）が彼らの側についたからであった。

住民投票の最終盤では「維新の党」に対する政党交付金をつかいながら、ありとあらゆる宣伝手段をうついっぽうで、マスコミは「橋下維新」のいうがまま論評もなしに「都構想」の具体性のない夢物語を伝えつづけた。メディア側は「偏った放送はしていない」と当然反論するだろうが、ニュースのみならず、バラエティ番組などを通じて彼の動きを逐一伝え、「夢物語」拡散の片棒を担いだのは事実である。彼らは住民投票に負けはしたが、僅差となったのは橋下流メディア作戦の力があずかって大きい。この橋下徹氏とメディアの相互依存関係がつづくかぎり、今後も橋下維新の急激な衰退はないとみておいたほうがいいのだろう。

そんな橋下氏との関係で、市長在任中、記者クラブでの会見段階では、記者によって理解を示してくれた人もいたが、現実の紙面や編集後の放送を見ると、そのトーンは極端に薄くなっていた。そうしたことから支持者から、先述のように「あんたも、もっと強く言わんかい」と言われ、何度も悔しい思いをしたことはある。しかし、大阪市長として都市の品格を傷つけてはならないという思いが強かった。敢えて極端な言い方は避けて発信を心がけたことが「弱い」と映るほど彼の言葉の強さが際立った。

たしかにこれまでは橋下氏のように、あそこまでズバズバものを言う政治家はいなかった。直言する、本音をぶつけるのは大いに結構だが、いただけないのは、敵を見つけて、あるいは敵を仕立てあげて、それとの対比で自分を目立たせ、際立たせる手法だ。そんなあざといやり方を絶えず繰り返す。核心を突いてきた相手は、「バカ」の一言で切り捨てる。根本的に考えが違う人を説得するという思考回路が彼にはない。

そんな権力者の口撃にめげずに堂々と立ち向かわなければ、「第四の権力」の名がすたるではないか。橋下氏一流の脅しや恫喝にひるんでいるだけなら、さっさと足を洗ったほうがいいと、元同業の端くれとして、怒りすら覚える。そして、これは何も地方政治を伝えるメディア状況だけに共通するものではなさそうだ。

権力者に上手く使われるように見せることで核心の情報をつかみ、それが最大限の効果をもたらす時期を見計らってスクープとして流す。目の前にぶら下がった餌に毒が仕込まれているかどうかを吟味する時間や、自らのよって立つところに恥じないかどうか。

もう、そんなメディアは時代遅れなのだろう。SNSと通信が驚異的に発達したことで、たまたま通りかかった事件を携帯電話で撮影したアマチュアにプロが遅れを取るのは当たり前の時代だが、携帯電話一本で取材した気になるような記者も横行している。

2012年の暮、橋下氏が起こしたある問題事件について、週刊誌に取材をもとめられて思うところを述べたところ、次のような記事にされた。

橋下氏が〝暴走〟している一因は、メディアにあると平松氏は言う。「橋下さんは首相指名を安倍晋三自民党総裁にしたいと述べた後、石原慎太郎さんが難色を示したので、あっさり意見を変えました。それを報じた新聞に対し、橋下さんは『撤回じゃない』とキレた。誰がどうみたって撤回でしょう（笑）。あの人は切り返しの天才です。どんな不利なことを突きつけられても言い訳可能な人なのです。だから、彼の言行不一致のひとつを、そのときだけ書いても何の意味もありません。橋下氏がこれまでどれだけ変節してきたか、そのたびにどれだけ呆れる言い訳で繕ってきたか、まとめてきちんと検証して報じて欲しい。現状では、橋下さんに逆ギレされるたびにメディアが尻込みしてしまい、橋下徹という人間の虚構をきちんと伝えることが出来ないままでいる。メディアは橋下さんの伝声管をやめ、権力をチェックする本来の姿に戻るべきである」

（「週刊文春」2013年1月3・10日号）

しかし私が鳴らした警鐘はさっぱりマスコミ人には届かなかったようで、それ以降、橋下氏の言動の暴走ぶりはいっそうひどくなるばかりであった。

橋下氏を世に出したのはテレビメディアと、そこに彼を引き込んだタレント島田紳助氏であり、知事選出馬に際しては故やしきたかじん氏が彼の背中を押した。現に橋下氏は「今の自分があるのは島田紳助さんのおかげだ」とも語っていた。また、たかじんさんとは非常に近い間柄であった。私とも蜜月といわれたころには、たかじんさんの家によばれ季節のナベを3人でつついたりもしたことは「はじめに」でも触れた。

いくら近い関係にあったメディアであっても、いったん反旗を翻した者に対しては、まことに呵責ない攻撃をしかけてくる。ＮＨＫ、テレビ朝日、朝日新聞、週刊文春などなど、枚挙に暇がなく、それこそなりふりかまわない。批判には、それなりの礼節をもって冷静に反論する、それが、それなりの社会的地位にある者のとるべき姿ではないだろうかと思うのだが。そんな私は恐らく彼の眼から見たら時代遅れなのだろう。

公務員叩きとメディアの罪

こうしてマスコミがその思うところとは関係なく、結果的に共犯者となって大いに戦果をあげたのが、公務員叩き、組合叩きなどではないだろうか。行政の役目をどう捉えるかなどという次元ではなく、既得権益集団と名付けさえすれば、いくら叩こうと叩かれる側が悪いという論理だろう。

講演などで私がよく受ける質問のひとつは、公務員の既得権の問題である。「大阪の公務員は橋下さんが言っているような無茶苦茶なんですか」。

それと多いのは、組合の問題。「橋下さんがこれだけ叩く組合というのは、本当にそんなにひどい組合なのか」と。

それほどに多くの大阪市民は、公務員＝労働組合員は厚遇されていると思い込んでいるというか、思い込まされているのだが、いずれも、橋下氏の「刷り込み作戦」の賜物である。

確かに大阪市には、カラ残業問題、飛鳥会事件などなどさんざんメディアで報じられたような不祥事はあった。ただ、それを、ここを先途とばかりに増幅し、自らの政治野望に利用したのが橋下氏と大阪維新の会である。私たちから見ると「過去のことであり、清算済みのこと」をあたかも現在も続いているように表現するという彼の得意技がある。今回のダブル選挙でも告示前の維新のビラに橋下氏が政治家でもなく、維新も影も形もなかった時代のことを列挙しており、極小の文字で時代が記入してあるという記述が見受けられる。この人たちの倫理ってどこにあるのだろう。

橋下氏の手法に、一点でも悪い部分を見つけるとそこを叩くという戦法がある。突出している部分があたかもすべてであるかのように見せるというやり方であり、過去のものであることは明らかなのに今も継続しているかのように見せる手法の一つだ。そして、彼が話題にするとそれを「報じざるを得ない」状況にメディア自身が自らに拘束衣を着せてしまったようだ。橋下批判封印拘束衣とでも名付けようか。私から見たら彼ほどメディアに優遇される対象はいないと思うのだが、彼はこれでも不満らしく、先述のツイッターでもメディア批判を山ほどしているらしい。「大阪維新発表」しか真実はないと世の中すべてがそう判断する形になるまでいくのか。流石に彼はそこまでは考えていないだろうが、そうした発信自体がひと粒が二度ならず三度、四度と効果をもっていることを本能的に理解している人だと思う。

古い話だが、ＴＢＳの朝の番組で、みのもんたさんがバンバン、パネルを叩きながら、「公務員宿舎の問題とか公務員制度改革をなんで早くやらないのか」とよくやっていた。そうやれば、受けるのは目に見えている。なにしろ「正義」なのだから。視聴者にも受けた。そこでは、「日々真面目に働いている公務員のほうが圧倒的に多い」という実態はニュースにならない。私の政治理念である「市民協働」の話も、地味すぎてあまり取り上げられなかった。

私は市長になって、市職員の給与削減にも取り組んだ。組合の手先、組合員の為に市長になったと刷り込まれている人は、こうした情報は不思議に耳を通りすぎてしまう。先日ある水道局の職員と話した際に、「平松市長時代の給与カットが生活実感として一番厳しかった。しかし、一方で『市民のほうを向かって走ってくれ。市民のためにと思って走った結果については私が責任を持つ』と言ってくれたことで、今までバッシングの嵐に晒されていた職員にとっては仕事のやりがいという方向性を見せてくれた」と言われた。

給与カットについては最後の手段というのは、ブラック企業は別にして普通の経営者感覚ではないだろうか。給与カットの情報が表に出たときに、市の委員会で意見を頂いていた関西財界の重鎮から電話を貰った。「市長、他にやりようはないのか。本当に最後の最後に給料のカットをせざるを得ないという判断をしたのか」と。

公務員の給与を目の敵にし、バンバン叩くことで人々のいのち、暮らしを守り社会の安定を図るという仕事になり手がなくなって一番困るのは弱い立ち場の人たちではないのか。その弱い立ち場の人たちが、過激な発言に拍手を送る姿は、それは自身の上に災難よ降ってこいといっているようなものなのに。

橋下維新の会で道筋を付け任命した肝いりの施策、「公募区長」や「公募校長」の不祥事の山に対しては非常に寛容な姿勢を示してきた。何から何まで変ではないか。

大阪市役所本庁で執務する職員は、3000人から4000人といわれる。私が市長になる数年前、職員厚遇問題がメディアで叩かれた。衣服費の支給、公金の無駄使いや裏金作りがあったのも事実だ。私が市長に就任して初めての大きな注目を浴びた記者会見は、なんと「不適正資金の存在についての謝罪会見」だった。当選後、就任までのレクチャーを受ける期間に「公正職務委員会から勧告がでるので対応の心積もりを」と具体的な話ではなく、漠然と聞いていたことが表にでたのが「不適正資金問題」である。その当時、町を歩いていると市民から何度か声をかけられた。「あんたのせいやないのに、気の毒やなあ」と言われたものだった。

当選後、初めて市庁舎に入ったときに驚いたことがある。私が長年勤めた放送局というのは、一般中小企業よりは恵まれた環境ではあったと思うが、600人ぐらいの社員で、梅田に引っ越してきた新社屋の上には医務室があり、地下には理髪店もあった。働いている人を大事にする会社だった。

大阪市役所に入って、「医務室はどこにあるの」と聞いたら、「ありません」と。職員厚遇問題が起きてメディアに叩かれ、世間の指弾にさらされて、なにもかも切れという風潮の中で医務室もなくなったのだという。職員が「医務室に行ってきます」と言うと寝に行ったと思われるからという笑えない理由で。そんな職員がいてもきちんと管理できる体制をとることができないほどの労使なれ合い状態があったのだろうか。そうした慣行に大きなメスを入れたのが私の前任者である關淳一市長だった。だから私は07年当選直後のインタビューでおざなりのおめでとうございますという言葉に続き、「改革をしてきた前市長を破ったが、改革の速度を緩めるのか」といった質問を何社からも受けて辟易としたことも覚えている。

橋下氏がほんとうに過剰な既得権益があるというのなら、民間と比べたらこうだと具体的に出してほしいと訴えたことがあった。だが、既得権が多いと報じるメディアには黙殺された。

組合についても同じことだと思う。私は組合にかつがれて市長になったとずっと言われ続けた。

橋下氏との選挙の直前でも言われた。私が組合となれ合いで、彼らの言いなりの市長だったと批判するのならその証拠を見せて欲しい。私は在任中、年度末などに幹部クラスにメディアオープンの席で挨拶するくらいでほとんど知り合いはいない。当然労使の関係だから、専門的知識を持っている理事者に組合との交渉は任せた。その経緯、結果などは情報公開制度のもとですべて表に出せるようになっている。そして給与カットを組合に提案したときは、「市民のために働いてほしい。大阪市の公務員の仕事は大阪市民のためにいろんなことを考えること」と言い続けた。

ことは大阪市に限らず、全国の自治体職員は今、非常に疲弊した状態だ。仕事はあるけれども人は減らされて、非正規雇用もずいぶん入ってきている。しかし、そんなことはほとんど報じられない。ラスパイレス指数という国家公務員と地方公務員の給与を比較する指数がある。政令指定都市で大阪市は飛び抜けて低く、平成26年4月1日の数字で91・5である。しかし、本来経済というものが地域でお金が回ることだと捉えると、公務員の給与を下げれば下げるほど、中小企業が中心の大阪などでは、民間も下がる傾向が出てくるのではないか。それが経済にどういった影響を与えるのかという考察は表に出ない。公務員を一括りにして、給与は安いほうがいいという大きな流れを、中央官僚の天下り・わたりの議論と同じ水準で展開して何になると思う。

メディアというのは事実を報道しているとは限らない。このりんごは赤いですよ、赤いりんごです、と視聴者に見せているが、日に当たっていない裏側は緑のままかもしれない。一面しか見ないでものごとを判断する癖がついてしまうとろくなことはないと思うし、教育の基本に基礎学力と同時に創造・想像力の発展に重点を置き、多様な社会の存在を小さな頃から実感させることこそが、島国であり辺境の地といわれたこの国に相応しいと思うのだが。

スイッチさえ入れれば流れてくる放送ではあるが、細かな部分を見ていくと分析や論評の対象として面白い点は多々あるはず。放送だけではなくて新聞や週刊誌、雑誌を含めた読み解く力「メディアリテラシー」教育が、日本の子どもたちにも必要だと思う。カナダやイギリス、アメリカには、小学校にメディアに関する必修の科目があると聞く。メディアを読み解く力をつけなければ、表層のみを追えばそれで世の中がわかった気になり、知らぬ間にメディアスクラムの片棒を担いでいることになる。

「秋葉原無差別殺傷事件」は特異な人物の特異な事件なのか

さて、橋下氏とメディアの相互依存関係については、興味深いというか怖ろしい事例にことかかないが、これぐらいにして、橋下徹という「政治トリックスター」を生み出したもうひとつの要素の検証に移ろう。それは、「橋下的なるもの」を受容する今の社会のありようである。

それを考察するための象徴的な事例を、私たちは今から7年前に、日本の若者文化のシンボル的な場所で体験している。

2008年6月に起きた「秋葉原無差別殺傷事件」をご記憶だろう。静岡県の地方都市に住む加藤智大という青年が、東京・秋葉原駅前の路上で7人を死亡させ、10人にけがを負わせた凄惨な事件である。世間に衝撃が走り、その理不尽さにおののき、恐怖したものだった。北海道大学の中島岳志先生がこの事件に強い関心をいだき、ていねいな調査をもとに『秋葉原事件 加藤智大の軌跡』(朝日文庫)という本を書かれた。

2013年2月、「脱グローバル論」の最終章となった内田樹さんの道場で開催した寺子屋シンポジウムに、中島先生がパネリストとして参加され、この事件にまつわる実に興味深い話をされた。そこには、まさにわれわれの直面する課題、「橋下的なるもの」が受容される社会とは何かを考える重要なヒントがあるので、ここで紹介したいと思う。

中島先生は、加藤が事件を起こす前に行った福井旅行に着目して、彼の足跡をたどったが、加藤は派遣労働者として働いていた自動車メーカーの下請け工場を辞めた次の日、事件で使うダガーナイフを、わざわざ福井県のアーミーショップまで買いに行っている。

彼はそこで店員を相手に、自分は静岡から来たが、実は青森出身で、雪国だから雪かきが大変で……というようなたわいもない話をしたり、いったん店を出ては、また戻って「タクシーはどこで拾えるか」と聞いたりしている。そして、ダガーナイフを買った彼は、帰りの特急列車が福井を発車して1分後にネットに書き込みを始める。「今日福井まで買い物に行った、片道5時間半、往復2万5000円もかけて行ったけど、僕はバカじゃないですよ……」。その後、彼はこう書く。「店員さんいい人だった。人間と話すのっていいね」。

中島先生はこれを読んだとき、秋葉原事件を書かないといけないと思ったそうだ。彼が求めたものはいったい何だったのかと。それはたぶん、店の人とちょっと言葉を交わすというような、ありきたりの、身体を介した人間関係だった。利害を超えたところでの人間関係というものを彼はずっと希求していた。けれども、彼のなりすましが現われて、たった1つのつながりの場であったネット上で誰にも相手にされなくなった。そこで、テロルといえるような暴力衝動に突き動かされ、あの事件を起こしてしまったのではないか、と。

さらに中島先生は、彼がなぜわざわざ福井まで行かなければならなかったのかを探るために、加藤の過ごした生活圏、静岡県裾野市の駅前までに足を伸ばす。そこで加藤が日頃利用したコンビニと牛丼屋の店員に聞いたところ、加藤はいつも持ち帰りだった。つまり、加藤には誰かと会話するための「止まり木」がなかった。

中島先生は念のため、ほかにも加藤が行く可能性がないかと喫茶店や定食を出す居酒屋などにも入ってみたが、どの店も、地元の、ある特定のお得意さんばかりが集まっていた。人間関係がもうでき上がっていて、加藤の入り込む余地はなかったろうという。

加藤には自分の住む町に「誰かと話せる場所」すらなかった。だから、親切な店員さんがいるとネットで評判の福井の店にわざわざ出かけて行ったのである。

加藤が求めていたものは、「ありきたりの、身体を介した人間関係、しかも利害を超えたところでの人間関係」だった。ある人々にとっては、そんなささやかな思いさえもかなえられない社会に、いまわれわれは住んでいる、そして「ある人々」は増え続けているのである。

最後に中島先生の口をついて出た言葉が私の胸に刺さった。

「加藤のような者を救うためには、橋下現象みたいなものではなく、地に足のついた新しい中間領域を作っていかなければならない。もう少し落ち着いた政治や社会を作っていくには、閉鎖的な、1つの価値観だけに結集する共同体ではだめなんです。『○○もある』社会というものが、とても大事なんですね」

私は中島先生の結論から逆にこう思った。加藤を生むような社会だから、橋下徹という稀代の政治トリックスターも登場した。政治や行政に本来求められるものは、はみ出そうになる人たち、あるいはそうなってしまった人たちも包みこむような中間領域が確実に存在するシステムを追求することではないかと。

第5章

橋下府政・市政8年を検証する

「経世済民」の逆をいった男たち

たとえ危ういトリックスターであっても、「いい仕事をしてくれればいい、実際やっているんじゃないか」。そんなふうに感じている大阪市民もかなりいる。その証左として住民投票の僅差がある。だから橋下氏と維新の支持率は依然として高止まりしているのだろう。それは前章で検証した橋下流マスコミ収攬術のたまものではあるし、選挙手法についてのプロが後ろにいるのではないかと思わせるほどの地方議会議員当選実績がある。

そして皮肉なことにもうひとつの特徴が当選したあとのスキャンダルの多さである。最近でもあちこちの議会でその「活躍」ぶりが報じられている。公募校長や、公募区長から始まった維新による政治の劣化現象は、維新の市長をはじめ地方議員、そして維新だけとはいえないが国会議員も含め、本来の政治の姿を貶めるために出て来たのではないかという事例が連続して起きつつある。

ちょうど、商いの本質、信頼と言うものを揺るがせにした食品偽装が連続して起きたように。社会システムの劣化が凄まじい勢いで広がっているのだろう。新自由主義、金融資本主義がもたらした格差の拡大現象が、都市部を中心に生活の質を脅かし続けるなかで、勝ち組と言われる高所得者も利便性を考えてインフラの充実した都市部に回帰してきている。そんな大きな矛盾を内蔵しこれからの日本の縮図としてまず襲いかかってくる大都市問題に「維新の会」は統治機構改革しか道はないという。制度設計に何年かかるのか、上から目線で上手くいかなかったときの「リセットボタン」はいのち、暮らしには存在しないにもかかわらず、「つぎの選挙で落とせばいい」とうそぶく姿に慄然とする。

実際彼は市長としての仕事をどう捉えているのだろうか。

本章では、4年間ずつの橋下府政と橋下市政について、彼がどれほどの仕事をしたのかを検証してみよう。

やるべきことでやらなかった筆頭は、経済だと思う。政治の基本の「経世済民」である。「経世済民」とは、中国の古典にある言葉で、「世を經《おさ》め、民を濟《すく》う」という意味である。つい最近NHKが「経世済民の男」という番組で、高橋是清、松永安左ヱ門、小林一三という3人の傑物を取り上げ放映したので、「経世済民」という言葉もよく知られるようになったと思う。

「世を經《おさ》め、民を濟《すく》う」。橋下氏と維新は、これをやったのか。断じて、否というほかはない。「世を乱し、民をたぶらかした」だけではないかというと言い過ぎだろうか。

都市の力と「地方創生」

検証の第一点は、「経済」である。

小泉・竹中コンビから始まった「新自由主義」の流れの中、第二次安倍政権でいわゆる「三本の矢」のアベノミクスがスタートした。確かに為替は円安になり、株価も大幅に上がっている。一部の業種は大いに潤い、上場企業の中には過去最高の内部留保を積み上げたところもある。

しかし、アベノミクスの成果が本当に市民にまわってくるかどうか、だれも保証できない。安倍総理はしきりと「トリクルダウン」という言葉を口にした。トリクルダウンというのは、しずくがしたたり落ちるという意である。「上がいっぱい儲けるからあんたら黙っとき。口開けて待っといたら、あんたの口にエネルギー源がぽとぽと落ちてくるから」と。でも今はさすがの安倍さんも口にしなくなったほどで、「そんなん待っとられるかい、死んでまうわい」というのが庶民感覚だろう。

為替が円安にふれると同時に、輸出産業は成長するといわれるが、当たり前だ。今まで100円で輸出していたものが70円、80円で売れるというなら、買う人はいっぱい出てくる。しかし、そうはならなかったのが、このアベノミクスの2年半だ。

この十数年、日本の大企業のほとんどは、経済のグローバル化に伴って、その生産拠点を海外に移している。海外に生産拠点を移しているがゆえに、これだけ円安になったのに、その成果を受け取れている企業は非常に少ない。そういう分析は山ほどお目にかかる。

国はお金を刷ることができるが、地方はそれをできずいつまでたっても口を開けて待っているしかないのか。地域経済という言葉があるが、日本経団連や関経連がいう「地域・地方」ってどれくらいの範囲をいうのだろう。大阪市長時代、経済団体との意見交換を何度かやらせて頂いたが、どこか予定調和的な雰囲気で、居心地の悪さを感じていた。それでもこの方はという経営トップの方と個人的な繋がりができたことは嬉しく思うし、私の財産だとも思う。

大阪にとって地域経済とは中小企業対策をいかに積極的に推し進めたかということではないだろうか。

経済が回っていくのは、お金が回ってこそ。ところが、タンスにしまいこんだお金はなかなか出てこないし、地方は回そうにも回しようがない状況になっている。安倍政権が華々しく打ち出して担当相まで置いた「地方の創生」は、どこまで進むのか。ぜひ、具体的に、もっと前に押し出していただきたいという思いがある。

「地方創生」という言葉を聞くと、なにやら難しそうだが、単純に、地方が元気になることと思えばいい。地方が元気になるというのは、単に小さい町を元気にするというだけでは充分ではない。その近くの大都市をどれだけ活性化させるかがポイントだ。大都市圏域として経済圏をつくり、そのためには交通網も含め国が集中投資をするという部分も必要だろう。

北陸新幹線の開通で金沢が東京と結ばれた。そのあおりで、富山から大阪に来る便はものすごく少なくなってしまって、ほとんど断絶状態になると新聞が報じていた。「こんなん放っといたのは誰や」という話だ。

このまま一極集中が進むと、もし首都直下型地震が起きれば、日本全体が壊れかねない。それを防ぐためには、関西圏は関西圏で、中京圏は中京圏で完結するしかない。それを明確に提示・要求してこそ、本来の地域を育てるという「大成長戦略」につながると思う。グローバル経済の進展がかえって産業の空洞化につながるともいわれる。

大阪には山ほど資産がある。中小企業だ。大阪の中小企業がもっているパワー、あるいはオンリーワン技術は半端ではない。大阪市内だけでなく、東大阪いや大阪から僅か30分圏内に山ほどそうした集積があるのは在任中の海外での都市プロモーションでも披露した思い出がある。それをどうして、「こんなんありますから、世界から見に来てください」と府市が協調してやらないのか。見に行くのは難しいという国には、こちらから集団で売りに行ってもいい。なぜ、こういう動きをしないのか。

そのことで思い出すのは、橋下氏の「それは広域の大阪府がやるんだ」という発言である。

大阪市には一番古い姉妹都市としてサンフランシスコ市がある。2013年5月の「慰安婦」発言で、現地に行く予定だった橋下市長が行けなくなった。向こうの市議会から「来なくていい」と言われて。

大阪市内には東京に次ぐ数の在外公館、総領事館や名誉領事館があるが、橋下氏が市長になってからは、在外公館の領事交代というかたちで表敬訪問のアポが入っても全部断わり続けてきたらしい。理由は、それは「府」の仕事だと。

私が市長時代は、しょっちゅう在外公館の方たちに会って情報交換をしていた。この点からも橋下氏は、最初から大阪市を潰す気で市長になったとしか思えない。

彼はことあるごとに「いっぺん大阪市は潰したらええねん」とぶちあげるが、要は不満の吸い上げ。悪者を作り、その悪者を叩くことによって自分たちの存在意義を示すことができる。しかし、果たしてそれで日本社会を安定に結びつけることができるのか。単に利益相反、利害対立を煽るだけでは、いろんな圧力や摩擦に負けずに日本の地方自治というものをしっかりと考え、国に対して正々堂々とものを言い続けてきた先達、我々の先輩が流した汗を、単に壊すに過ぎない。私にはそう思えて心配でならない。

彼の施策というか功績として維新の会が喧伝する材料を見ると、経済効果であるとか、金額だとか集客だとか、数字に表れるものだけを強調している。それしか強調できないのかもしれないが、本来の行政の効果を量るのに必要なのは対象住民の生活実感ではないのか。あるいは自分が生まれ育った町に対する思いを深めたり、次に繋げたり。当たり前の地方行政が志し、そして大阪市が先進的に「大大阪《だいおおさか》」と言われた時代に切り開いた、「住み心地よき都市」を目指してこそ、大阪市民として、また大阪府出身者として胸を張れるのではないか。

今のツートップでそんなことできますか。大阪という地名自体は京都、神戸に比べ海外での認知度が低いといわれたことは何度もある。そんなときに笑顔でその二つの真ん中が「おおさか」です。水の都です。食い倒れといわれますが人情の町です。そんなやり取りをした経験もある。今の大阪に「人情の町」という言葉は似合わず、「政争の町」と名付けられても仕方がない年月が過ぎてしまっている。

以上見てきたように、橋下氏の経済政策はほとんど成果を出さず、為替動向によるものや歴代の積み重ねを自分の手柄と強調し、教育予算の拡大比較を本来比較対象としなければならない項目とは厳密にはいえないものと比べるという、住民投票時に「詐欺パネル」といわれた類の再現であったりする。出来の悪い経営コンサルタントにかかった数字のマジックがいつまでも通用すると思うさまは、人のいのち、暮らしを預かっているという自覚のなさの証左である。つまり、何もやらなかったに等しいし、未来のためのストックといえる必要なものを売り飛ばし金銭に換えただけである。やはり橋下氏は、最初から大阪市を潰す気で乗り込んできたに違いない。

政治は教育に介入してはならない

「やらなくてもいいことをやった」ことの最たるものは、とりあえず今回は阻止したものの、維新が臆面もなく復活を公言している「大阪都構想」だ。が、これについてはすでに詳しく述べた。もうひとつ「余計なこと」を挙げると、教育改革という触れ込みの「教育改悪」である。

前に「私がもっとも看過できないと思うのは、橋下氏の教育への介入である」と述べた。公権力や行政府の長が教育現場に介入することは何があっても避けなければならない。私が市長時代、内田樹神戸女学院大学教授（当時）に教育関係の特別顧問をお願いしたとき、就任の記者会見で内田さんは、「政治とマーケットが教育に介入してはならない」と多くの記者の前で語った。私はそれを聞いて心の中で「お願いして良かった」と手を叩いていた。

内田先生は教育の役割についてこう述べる。

「教育というのは、我々のこの共同体の次世代の『フルメンバー』たりうる人を育成し、継続的に供給するためのものです。政治イデオロギーとも、金儲けとも関係ない。それ以前の話なんです。みなさんが楽しく政治やビジネスができるような社会のそもそも基礎づくりとして学校は存在する」

教育は政治以前、ビジネス以前の話であるということ。万人が大きくうなずく真理だと思う。ところが、大阪維新の会が2011年9月に提案した「教育基本条例案」は、この理念に真っ向から反するものであった。まずは、内容を見ていただこう。

次に掲げたのが、大阪維新の会が提案した「教育基本条例案」の骨子である。

大阪府・大阪市教育基本条例の骨子

◇互いに競い合い自己の判断と責任で道を切り開く人材、愛国心及び郷土を愛する心にあふれるとともに国際社会の平和と発展に寄与する人材を育てる。

◇校長は任期を定め、マネジメント能力の高さを基準に多様な人材を積極的に登用する

◇1回目の職務命令違反は減給または戒告、2回目は停職として所属、氏名を公表。違反を5回重ねた場合、同じ命令に3回違反をした場合は直ちに分限免職

◇教委は学力調査テストの市町村別、学校別の結果をホームページで公開しなければならない

◇保護者、地域住民らでつくる学校運営協議会を設け、校長や教員の評価や教科書の推薦などをする

◇保護者は学校に対して不当な態様で要求をしてはならない

◇3年連続で入学者数が定員割れし、改善の見込みがない府立高校は統廃合しなければならない

◇府立高校の学区を廃止し府内全域を通学区域にする
◇市教委は隣接区域やブロック内で市立小中学校を選べる学校選択制の実現に努めなければならない

（毎日新聞2011年8月22日付より引用）

良識がある人なら、これを読んで「なんだ、これは！」と驚愕するはずだ。橋下氏と大阪維新の会の本性が露骨に現れた教育破壊の内容だったからだ。案の定、大阪府というローカルな条例案なのに、全国各方面から反対運動や反対アピールが起きた。当然のことと思う。

次に、「大阪教育基本条例反対アピール運動」のアピール文全文を紹介する。

ひとつの地方条例にこれだけの方々が多数参集して反対を表明する。前代未聞のことであると言わねばならない。ほかにも、日本教職員組合や自由法曹団などが、政治による教育への介入にあたり憲法の精神や現行法規に反するとして猛反対している。

大阪から始まった、いや正確には第一次安倍政権から始まった教育改悪の流れに大変な危機感をいだかれてのことだと思う。日本の未来が危ういと。

いろいろ見方は分かれると思うが、明治に始まる日本の近代化、第二次世界大戦敗北後の奇跡多くの方々が力をあわせ、大阪府教育基本条例案やそれに類する計画をとめ、子どもの伸びやかな成長のために考えあい話しあい、できることから行動していくことを訴えます。

【よびかけ人】

池田香代子　（翻訳家）
市川昭午　（国立大学財務・経営センター名誉教授）
尾木直樹　（教育評論家）
小野田正利　（大阪大学教授）
小森陽一　（東京大学教授）
佐藤　学　（東京大学教授、日本学術会議会員）
高橋哲哉　（東京大学教授）
竹下景子　（女優）
野田正彰　（関西学院大学教授）
藤田英典　（共栄大学教授、日本教育学会会長）

【賛同人】

浅田次郎　（作家）
阿刀田高　（作家）
安斎育郎　（安斎科学・平和事務所所長）
池内　了　（総合研究大学院大学理事）
石坂　啓　（漫画家）
内田　樹　（神戸女学院大学名誉教授）
梅原　猛　（哲学者）
永　六輔　（音楽タレント）
小山内美江子　（脚本家）
小中陽太郎　（日本ペンクラブ理事、星槎大学教授）
斎藤貴男　（ジャーナリスト）
品川正治　（経済同友会終身幹事・一般法人国際開発センター会長）
杉良太郎　（俳優）
妹尾河童　（舞台美術家・エッセイスト）
高畑　勲　（映画監督）
高村　薫　（作家）
辺見　庸　（作家）
山田洋次　（映画監督）

（ほか多数）

大阪府教育基本条例案に反対します

私たちは、「大阪維新の会」が大阪府議会に提案している教育基本条例案について、大阪にとどまらず日本社会全体にとって見過ごせない問題であると考え、このアピールを発表することにしました。

私たちは何より条例案が、学校教育を知事及び議会の直接的な支配下に置こうとすることに強い危惧を覚えます。条例案によれば知事は、「学校における教育環境を整備する一般的権限」をもち、府立学校に至っては「教育目標」を設定する権限まで委ねられています。さらに、知事の目標に服さない教育委員の罷免、教職員への厳しい処罰などの教育への権力統制の体系が盛り込まれています。

人間を育てる教育には、教える者と教えられる者との、自由な人間どうしの魂の交流が不可欠です。また、子ども一人ひとりの現実に即した、教員や保護者、子どもを支える多くの人々の知恵と判断が尊重されなければなりません。知事や議会が教育上何が正しいかを決定し、それに異議をとなえる者を排除していくことは、教育の力を萎えさせ、子どもたちから伸びやかな成長を奪うものです。

しかも、学校教育を知事や議会の直接的な支配下におくことは、憲法と法令に抵触します。教育基本法第十六条は「教育は不当な支配に服することなく」としていますが、この文言は、時の権力が軍国主義教育をすすめた過去への深い反省のうえに定められた、日本の教育の大原則です。その結果、地方の教育行政は首長が指揮監督する一般行政から分離され、教育委員会がつくられました。

教育委員会の実態やその行政に不十分さがあることは私たちも知っています。しかしその解決は、教育委員会の民主的な改革に求められるものであり、知事らによる直接的な支配となれば不十分さはますばかりです。

私たちはさらに、「維新の会」の政治的な手法に危うさを感じています。いったん選挙に勝ったことによって、あたかもすべてを選挙民から白紙委託されたように振る舞うことは、ファシズムの独裁政治を想起せざるをえません。

的な復興は、朝鮮戦争特需であるとか、米国の思惑などの時代的要素も勿論あるだろうが、基本的には日本人の知的資源の集積と勤勉さがもたらしたものであったと私は考えている。すなわち、教育の成果だといえる。

「教育は、政治とマーケットが関与してはならないカテゴリー」であると断じられたのは、今は故人となられた元東京大学経済学部長の宇沢弘文先生である。著書『社会的共通資本』（岩波新書）のなかでそう述べられている。

宇沢先生は、共同体の存立に欠かせない必須の要素を「社会的共通資本」と呼んで3つのカテゴリーに分けたのだが、その1つが、「司法、行政、医療、教育」など、それなしでは存立しえない社会的システムであると。そしてこれらのシステムの管理に、政治イデオロギーとマーケットは絶対かかわってはならないとしたのである。

私は教育学を修めた経験は一切ないし、教師になろうと思ったこともない。しかし、小学校のときに、その後私がアナウンサーを目指すことになる基本、コミュニケーションの「楽しさボタン」を先生に押してもらった原体験がある。そうしたことからこの宇沢先生、内田先生の教育に対する立ち位置を当然のことだと自然に受け入れることができた。政権や首長が交替するたびに教育方針や制度が変わったならば社会は崩れてしまうと共に、教育を受ける子どもたちにとって大きな不幸である。

教育者として、内田先生もこう述べている。

「学校教育というのは非常に惰性の強いシステムであって、頻繁な変更になじまない。私たちは人間という『なまもの』を扱っているわけで、缶詰を作っているわけじゃない。子どもたちの成長速度という生物学的な縛りがあるんです。それに合わせて、変えるにしてもゆっくり変えなくちゃいけない」

我が意を得たり、う〜ん、とうなずくばかりである。

そこでもう一度、大阪維新の会の「教育基本条例案」にもどってみよう。その前文にこう書いてある。

「教育行政からあまりに政治が遠ざけられ、教育に民意が反映されてこなかった結果生じた不均衡な役割分担を改善し、政治が適切に教育行政における役割を果たし、民の力が確実に及ばなければならない」

私は、内田さんにも言われたが、わりと保守的な性格で伝統というものに敬意を表し、その量れない価値を重んじる。だがその私にしても、この前文はひどく時代錯誤で、「民の力」などと称しているが、その「民」とは具体的に誰を指すのか、これで分かるのか、不明な前文だ。

ちなみに、橋下氏はこんなことも言っているという。

「国が事前に危険な奴を隔離できないなら、親が責任を持って危険な我が子を社会から隔離すればいいんだ。他人様の子どもの命を奪うほどの危険性がある奴に対しては、そいつの親が責任を持って、事前に世の中から抹殺せよ！」

これを見れば、もともと彼は教育を語る資格などありはしないことがわかる。ナチスの「優性思想」となんら変わらない。「経世済民」の対極をなす姿勢であることは明らかではないか。

教育基本条例は余りにもお粗末な内容故に、いくら維新の議員が多いという議会であっても、オリジナルなまま通すことはできず、かなりマイルドなコーティングを施されて条例として「府」と「市」で成立した。原文とは違うとはいえ、その底に流れる精神を垣間見た側からいえば、基本精神自体がその底の部分に残っていると警戒するのに越したことはない。

もうひとつ、看過できない教育現場の荒廃がある。大阪で教育者になりたいと思う人がどんどん減り、なおかつ現場の優秀な教員も、もうここでは自分の目指す教育ができないと見切りをつけ、他府県に移っているといわれる。

これは、ある雑誌で大阪の教育問題特集が組まれたときのこと。教育大の教授が進路相談にきた教え子に「大阪は避けるほうが良い」と言ったというのだ。教授がそう言わざるをえない状況が現出している。優秀な新人先生が来ないとなれば、いま残されている優秀な教師にますますしわ寄せがいく。それでいて、校長は公募。公募の校長については前述の通り問題を起こしすぎ。大阪市ではなんとか議会で「公募することもできる」という条文に変えることが決議されたが、橋下市長の大阪市議会史上初の再議権の行使により「原則公募」のままである。

橋下維新の「教育改悪」を許したら、日本の将来は大変危ういものになる。大阪府では2012年3月教育行政基本条例と府立学校条例が可決、市では同年5月に教育行政基本条例、7月に市立学校活性化条例が可決されている。維新政治から抜け出し2つの教育関連条例の抜本的な見直しをしなければ、大阪の教育崩壊から始まって日本の教育が壊れていく恐ろしさを感じる。

グローバリズムに抗する「居場所論」

明治以降、日本をここまでの近代国家にしたのは、政治家と官僚の能力がうまくコラボレーションし、そしてさまざまなイノベーションに成功してのことだと思う。その一方で、敗戦から日本経済復興に至る戦後の奇跡は、やはりアメリカの影響力があってのことだ。アメリカの下にいたことが大きく関わっている。

そのアメリカの現状を見ると、私たちの子どもの頃のテレビの中にあった、バラ色の夢を見せてくれたような時代とはずいぶん違ってきている。

経済学者の中谷巌さんの『資本主義はなぜ自壊したのか　「日本」再建への提言』（集英社・

2008年）に、「貧困率」という言葉が出てくる。2005年のOECD各国の調査では、最も貧困率が高いのがアメリカ、次いで第2位は日本。そして少し差があってヨーロッパ諸国が続く。政府の財政出動や生活保護政策がない段階ではヨーロッパのほうが貧困率は高い。それが、国の政策によって調整した後では、アメリカがワースト1で、日本がワースト2になる。

こういう数字を見ると、「政治って、いったい誰のためにあるのか。責任者出て来い！」と、思わず言いたくなる。

不審に思うのは、そんな状況にありながら、多くの人たちが「努力さえすれば勝てる」「勝てないのは自分の努力が足りないからだ」と刷り込まれていることだ。いわゆる「自己責任論」があらゆる分野で幅を利かしている。

しかし現実には、そういう人たちがどんどん切り捨てられ、転がり落ちていっている。今は勝っている人たちも、いつなんどき転がりおちるかもしれない。こういう状況から国民を守ってこそ国家であり、地方自治や地域社会だと思うのだが、新自由主義の人々はそう考えない。政府も経済界も、TPP（環太平洋経済連携協定）に加盟することによって地球規模の一大マーケットができて、その中で日本は栄えていくという根拠のない話を振りまいている。ある意味「大阪市廃止・分割構想」に本質的に存在した、「改革」という言葉を叫びながら、未来をバラ色に見せるだけで良いのだ。大阪市を潰してしまうのが至上命題だから、後のことは知ったことではないという不遜な姿勢が通底するようにも感じる。

ただ幸いにして、いろんな場所で講演したり、あるいはこうして本が書けるというのも、まだ今の時代の良いところだと思う。以前だったらSNSもないし、どういう発信をしたらいいかもわからなかった。身近にいる人たちとどうつながり、どう支え合っていくか。その大切さに気づく人を、どれだけ増やしていけるかが急務だと思う。

そこで、何をもって新自由主義、なかでも金こそすべての人たちと対峙していくのか、本当に大事なものは何なのかについて、有力なアンチテーゼになるのが中島岳志さんの卓見「居場所論」だと私は考えていて、それを紹介したい。その前に中島先生と私の出会いを少し話そう。

初めて中島先生と出会ったのは梅田近くの中崎町。古い民家を改造したカフェだった。阪急の梅田駅から歩いて7〜8分の至近距離に、下町風情の残る、空襲に遭っていない一角がある。古い長屋や路地の風景は、尼崎の長屋で生まれ育った私には懐かしさ一杯の場所である。遊郭（知らない年代だが）の名残みたいな建物に美容室が入っていたり、マンションの1階で突然、フランス人がフランス料理の店を始めて評判になったりと不思議な面白さがあって、いろんな雑誌に取り上げられた。

中島先生によると、「居場所論」は、そこでこんな光景を目の当たりにしたことで生まれたものだという。「よそ者」のダンス・パフォーマーが中崎町の空いていた長屋を借りて、カフェに改造しようとしていた。1人でコンコン、コンコンとやり始めたら、最初は怪訝な顔で覗き込むだけだった地元民たちがあまりの不器用さに見ていられなくなって、「何やってんねん、ちょっと貸してみい」と、腕に覚えのあるおじさんなんかが手伝ってくれる。そんななかで、彼と大勢の町の人とのつながりが生まれ、それが今の中崎町の賑わいの原点になったというのである

今やこういったエリアに根づく「新しいジモト主義」みたいなものに非常に強く惹きつけられる人が多い。宮藤官九郎の『木更津キャッツアイ』に代表されるような地方の地名付きのドラマがヒットしたり、東京の「谷根千（谷中・根津・千駄木）」ブームがあったり、そういう世の中の流れというか、新しい価値観を中崎町は体現していたと、中島先生は評価する。

どうだろう。こうした都市への細やかなまなざしや、人が求める「居場所」への認識は維新の党綱領のどこかに入っているのだろうか。むろん、橋下氏の脳裏に浮かぶこともないだろう。今の中崎町のにぎわいを作ったのは、地元の住民たちである。けっして橋下市政による「トリクルダウン」ではない。

当たり前のことだが、私にも私なりの「地域論」があり、市長時代に提唱した「市民協働」はその根底をなす考えであった。267万人都市の首長がそんなに細かい部分まで見られるのかと、攻撃されたりもしたのだが、それこそが直接行政のトップに立つ人間の責任であり、醍醐味だと

いう思いが自分の中に今もある。

大阪市には地域振興会、つまり町内会がまだ大きな存在として残っていて、それだけに町内会だけを相手にしていればいいという面が市役所の歴史の中にずっとあった。ただそれでは、こぼれる人たちもきっと出てくるし、排除の論理というのも働く。

そこで私は、さまざまなNPOや、たとえば読み聞かせをしているボランティアグループ、市の補助がなくアシが出ても地域のお年寄りのために開くふれあい喫茶、区役所の空きスペースを市民だけで改築し地域の場所にする試み、子どもたちに商いの楽しさを知ってもらおうとお店で体験してもらう商店街、隣接の地域で良い意味のライバル心が起こりイベントが勝手に連携していく、などなど、大阪市内24区だけでは括れない特色が小さな地域に存在することを、市民協働チームとともに走り回ることで体で実感した。年齢の異なる人たちを包摂しながら地域社会の再構築に向かって欲しいという思いからである。今、大阪市で小学校区ごとに設置する地域活動協議会という新しい動きが具体化しつつあるが、もともとこれは、そうした発想から始め、具体的な情報収集を様々な立場の方にお願いし、公開会議の席でモデル地域を作ることから始めた。税金を投入するからにはその効果を最大限にするための調査やモデル実施という形での市民への説明を欠かせないと思っていた。

橋下さんの凄いところは、一気に予算を付けてダメだったら自分を選挙で落とせば良いと開き直るところ。私にはとても真似はできない一面である。小さい単位をどれだけ大事にするか、少数意見にどう耳を傾けていくか。そうした姿勢が失われて、合理化や効率化ばかりを追い求め、あるいは「決められる政治」を叫んで強権的に切り捨てるだけでは、日本の地方自治は本当に壊れてしまう。

もちろん、すべての声を聞き入れることは難しい。しかし、そのときには「あなたたちの言っていることは正しいけれども、財政や制度上の事情もあって、今は受け入れるわけにはいかないんですよ」ときちんと説明する。そういうインタラクティブな関係を行政と市民が構築していくことが、地域を支え、民主主義を育てることになると思うのだ。

第6章

さらば！虚飾のトリックスター

本当に橋下氏にさようならをするために

5月17日の「住民投票」では、渦中の体験談として描いたように、奇跡としかいいようのない形で、橋下市長による「大阪都妄想」になんとかストップをかけることができた。

しかし、これで安堵していいのだろうか。これまでに何度も強調したが、いくら強調してもしたりないので重ねていうが、安堵はできない。

いやいや、当人は「負けは負け、もう政界は引退する」といっているのだから、もうあんなことはない。8年間、えらい目にあったが、悪夢だったと思って忘れればいい。そういう人もいるかもしれないが、それも違う。これまた検証してきたように、相手は稀代のしたたかな政治トリックスターだからである。なおかつ彼のコピーまがいが山ほど生まれてしまっている。たちの悪いのはその劣化コピーが自分は橋下並みだと変に自信を持っているところではないか。

仮に復活の可能性があっても、嫌なことはさらりと忘れて、将来の楽しいことを考えてそれに挑戦する、それがナニワっ子の気風だから、何かあったらそのときに考えればいい。そういう人もいるかもしれない。えらい目にあいましたなあ。けどええ勉強させてもらいましたわ、と。

私は尼崎で生まれ、高校時代は吹田で過ごし、大学は京都の同志社に通い、家族をつくって67

年生きてきた生粋の関西人であり、そんな「ゆる〜い」感覚でボチボチやってきた。橋下氏と相まみえながらも、彼のような生き方はかっこわるいわと正直思ってきた。しかし、今は「いい勉強させてもらいましたわ」と水に流してはあかん、との気持ちを強くしている。

水に流したら、えらいことになる。稀代のトリックスターは大阪では復活はかなわなくとも、日本のどこかでもっと醜悪な形で復活すると思うからである。

この章では、そんな私の思いを読者のみなさんに共有してもらい、どうすればいいのかについて一緒に考えてみようと思う。

「大阪は、なんとかやりすごすことができたから、よその土地のことは知らん」では浪速っ子気質がすたる。

大阪人らしさが仇となった？

その上で、かねてから気になっていたことがある。わが大阪人には「イチビリ精神」「まぁ、ええんちゃうの」があって、それが橋下氏を巨大なトリックスターに育て上げたのではないか。裏をかえせば、大阪以外では橋下氏はここまで大きくならなかったのではないか。おそらく大阪以外だったら早々に政治の表舞台からは退場せざるを得ない状況になったのではないかという部分である。

この私の大阪人としての忸怩たる自戒を他にも抱いている人がいた。藤井聡先生である。前掲の「新潮45」2015年10月号で適菜収氏と軽妙洒脱な対談を展開しているが、その中でこんな指摘をされている。

本来、お笑いの街である大阪、上方というのは懐が深く、悪を上手く抱え込むことができる強い力を持っている。そもそもお笑いというのは必ず毒を含み、それを昇華する。「このおばはん、ヒョウ柄のスパッツ穿いて下品やけど、アメちゃんもくれるし、おもろいでぇ」と、笑いに昇華させることで、悪を浄化できる街が大阪なんです。

そこが全体主義に悪用されてしまった。度量がある大阪が悪を優しく包み込んであげたんだけれど、それに乗じて全体主義がガッツリ入り込んできて、ついには大阪の「悪の浄化」の限界とのせめぎあいになっている。

藤井先生は、大阪の「悪の浄化力」が悪用されて橋下氏という稀代のトリックスターが生まれたと暗喩されているのである。これぞ、私が橋下氏と出会って袂をわかってから、つねに私の中にわだかまっていた感慨である。

うんと平たいことばで言えば、ナニワの情けが仇になったということか。しかし、そのせいで、大阪国際児童文学館がつぶされ、市民の誇りであった国内最古の交響吹奏楽団「大阪市音楽団」が市の直営から一般社団法人に変えられ、文楽の補助金が削減されるなど文化破壊が進んだ。文楽劇場で『曽根崎心中』や『冥土の飛脚』が上演されなくなる事態など、想像もしたくない。

文化について私と彼とが最初の「議論」を交わしたことがある。大阪市役所での会談である。新聞では「文化論争」と報じられた一件である。2008年5月16日付けの毎日新聞から引用する。

「文化施策」

平松　大阪市や府、経済界などの力を合わせて（地域文化を）守り育ててきた経緯がある。財政が苦しい時代であっても、子どもたちにどれだけの刺激を誘発できるのかを考えると、単に切ってもいいのか。決断する時には、府職員だけでなくいろんな人の意見を幅広く聞くゆとりを持ってほしい。

橋下　行政が特定の文化を育てるというおこがましいことは考えずに、文化的な景観、環境を整えて、文化が生まれるような都市づくりをすることによって文化が醸成されるのではないか。

平松　国や府、経済界の協力があったからいいステージ（文化施設）も守れてきた。市単独なら守れたかどうか。文化は府民の財産だ。今切ると立て直すのに何年もかかるということを考えていない。

橋下　府庁内では反対意見を受けているが、僕は最終的に残ったものが文化だと思っている。

平松　みんなで力を合わせて守ってきたものが文化ではないというのは暴論だ。

橋下　市民が署名だけでなく１人１０００円出してくれれば残る。残そうと思うなら負担もしてほしい。

これが最初の彼との「議論」であり、何とか府のトップ、市のトップとして大阪のために力を合わせようと思っていた私にとって、意見を一切聞こうともしない彼のかたくなさに驚いた記憶がある。

それから7年以上が経ち、表向きは政治家引退を宣言しているものの、「おおさか維新の会」の立ち上げや、松井知事の「とりあえず休憩」という発言を見ても、彼だけの力で大きくなったことは間違いない維新の会にとって、何としてでもその政治的影響力を手放したくないのだろう。

しかし、彼が残したものは決めつけと罵倒の連続であり、当初に見られた「可愛げ」など今は見る影もない。

大阪から文化のかけらもなくなるという恐怖。この一事をもってしても、私たちは、私たち大阪人が生んでしまった政治トリックスターに「さようなら」を言わなければならない。

浪速の人情はなくならない？

しかし、その一方で本来の大阪は情のあるいい街である。それを私は市長時代にぞんぶんに体験し、わが大阪はええとこや、ナニワの人情がまだ生きていると、つくづく実感したものだ。

なかでも印象深いのが２０１１年3月11日の東日本大震災のときだ。巨大地震による津波の被害は広範囲にわたり、都市機能が破壊・分断されるという未曾有の震災を目の当たりにして、大阪市民がどう動いてくれたか。

われわれはこの事態に何ができるのか、リーダーとして誰に何を指示したらいいのか。

私は即座に、京都、神戸、堺の政令市のトップに電話をかけ、災害対策本部を立ち上げて、やれることをそれぞれやる方向で動きましょうと連絡した。その夜のうちには、大阪消防隊――大阪市の消防局だけでなく、大阪府下全域の自治体の消防団――が被災地に向けて出発。その間に

2011年3月11日の東日本大震災のとき、大阪市営バス2台を使って「緊急援助隊」を現地に派遣。雪の降る中を被災地に向けて走るバスの姿が新聞に掲載された。

政令指定市は政令指定市に応援に行く協定があり、最初は仙台市に入ったのだが、そこには既に大勢集結していたので、翌日、救援と行政支援のため、大阪市隊は岩手県釜石市と大槌町に向かった。翌12日交通局から「市バスを現地に向かわせます」との連絡。毛布、水、食料などの緊急物資を満載した大阪市営バス2台を連ねて現地へ向かうのを見送った。被災地の道路事情もわからない。それでもとにかく行こうと、普段は大阪市内しか走ることのない「大阪市営交通」のみおつくしマーク入りの市バスが16時間もかけて被災地へ入ったのである。交通局からは出動にあたり「市長、このバスは現地に置いてくることになると思います」との予想を告げられ、被災地の悲惨な状況をほぼ同時にテレビで見ていた私を含め、「できることは現場で判断して被災者のために頑張って欲しい」と伝えた。はっきりと日付を覚えているが、3月18日の産経新聞朝刊にカラーででかでかと雪の中を走る「大阪市営交通」のバスの前に「緊急消防援助隊」という張り紙をつけ消防隊員を運ぶ写真が出たときはどう表現していいのか、大阪市民の1人として誇らしい気持ちになった。

東日本大震災での緊急支援を経験した自治体は数多い、中でも政令指定都市だから所有している装備や経験を活かすシステムが実際に動いた。阪神淡路大震災のときにはメディアに居たのでわからないが、今回のように広範囲にわたる被災地を把握するには、統合司令部からの上からの指示を待つのではなく、力のある自治体が自主的に支援できる範囲を決め、それぞれがまず現場に入る、それから先の連絡網のつくり方などを、大阪市危機管理室が中心になって、関西指定市との協議を重ね、全国政令指定都市市長会の総意として「対口《たいこう》支援マニュアル」を作成したのも記憶に新しい。東日本大震災の支援の動きだけで、大阪市と市民の思いを綴るとおそらく本書よりも大部のものができることが容易に想像できる。ことは被災地だけではなく、大阪市民へも、被災者に何かできることを考えませんかと呼びかけた。「市民協働　一緒にやりまひょ」の精神だ。いつものように地域振興会や赤十字奉仕団だけでなく、あらゆる団体が「協働」してくれて、支援活動は予想を超える動きになった。

東京都全体で8億円という義援金が集まった時点で、大阪市の危機管理室からは「大阪市は10

億円を超えた」との連絡が入った。東京のＧＤＰは82兆円、片や大阪市は20兆円で経済規模は４倍ぐらい違う。生活保護世帯が多いと非難されている大阪市で、そこまで動いてくれた市民。これこそが「浪花の誇り」と感激したものだ。

「ごった煮や」とか、「痰壷」などという人もいる。ある部分、そうかもしれない。だけど、そんな街に住んでいるからこそ培われた人情、商都浪花という街がずっと育んできた相互扶助の精神は健在だった。

「人間１人で生きられへんで」「そやから隣にいる人とどれだけ手をつなぐかや」「隣が困っていたら助けたろやないか」

そうした思いが無理なく、自然に行動に出る環境がいまなおどこかに根付いている。そう信じることによって「市民協働」はさらに花開く。私はずっとその思いを抱いてきた。それが大阪における３・11の行動で示された。その人情の街・大阪市が、維新のぶち上げた「都構想」で、今まさに潰されようとしていたのである。

しかし、住民投票で首の皮一枚で残った。ここは何度いっても言い足りない。なんだかんだいっても私の好きな大阪市がなくならなくてほんまによかった、と。

「維新」の分党騒動

だからこそ、気になるのは橋下氏の今後の動向と維新の新たな動きである。

振り返れば、「大阪維新の会」という大阪市から生まれた地域政党がわずかな期間で野党第2党の国政政党に発展したのは驚異的なことだった。わずか数年間――２００７年の知事選から8年間――で、そこまでの存在にした橋下氏の力はすごい。おそらく現代史における唯一無二の稀有な政治家であろうし、どんな形になるかはわからないが歴史にその名を残すことは既に約束されている。

今では維新の党は、今後の憲法改正に向けて、駆け引きの1つの材料として使われている。「安倍政権は、維新と公明を天秤にかけているのと違うか」という報道もあったくらいである。その存在感を示してあまりあるものがあった。

産経新聞（9月16日付朝刊）に次の記事が載った。

9月15日、大阪市内のホテルで開かれた地域政党「大阪維新の会」の政治資金パーティー。

代表の橋下徹大阪市長は、10月に結成する国政政党の名前について、「既存の政党とは違うという象徴として、『大阪』という言葉を使う」と述べた。党名として有力視されていた「おおさか維新の会」となることがほぼ決定した。

出席者らによると、橋下氏は非公開のあいさつで新党に関して、「おおさか維新の会」の名前でどれだけ国会議員が参加するか分からないとし、「本気のやつ以外は来なくていい。もしかすると、ごくごく限られたメンバーになるかもしれない」などと述べ、〝純化路線〟をとる考えを示した。

同記事は、「新党名をめぐり、大阪以外の議員から「『おおさか』とつけることで地域を限定するイメージがある」との懸念の声が上がっているとも報じている。

それに対して橋下氏は、「『おおさか』というのは新しい地方から政治を動かす象徴、アイデンティティーだ。本当に徹底した改革をやっていく、既存の政党は違う、という象徴として『おおさか』という言葉を使い、全国に広げていく」と言ったとされる。

しかし、ことは橋下氏の思惑通りには進んでいない。維新の党（東京・残留組）が、「おおさか維新の会」側が求めている分党と「維新」の党名返上に応じない方針を決定したからだ。

橋下氏は例によってツイッター攻撃を開始したと伝えられる。相手はむろん残留組だ。

維新変遷

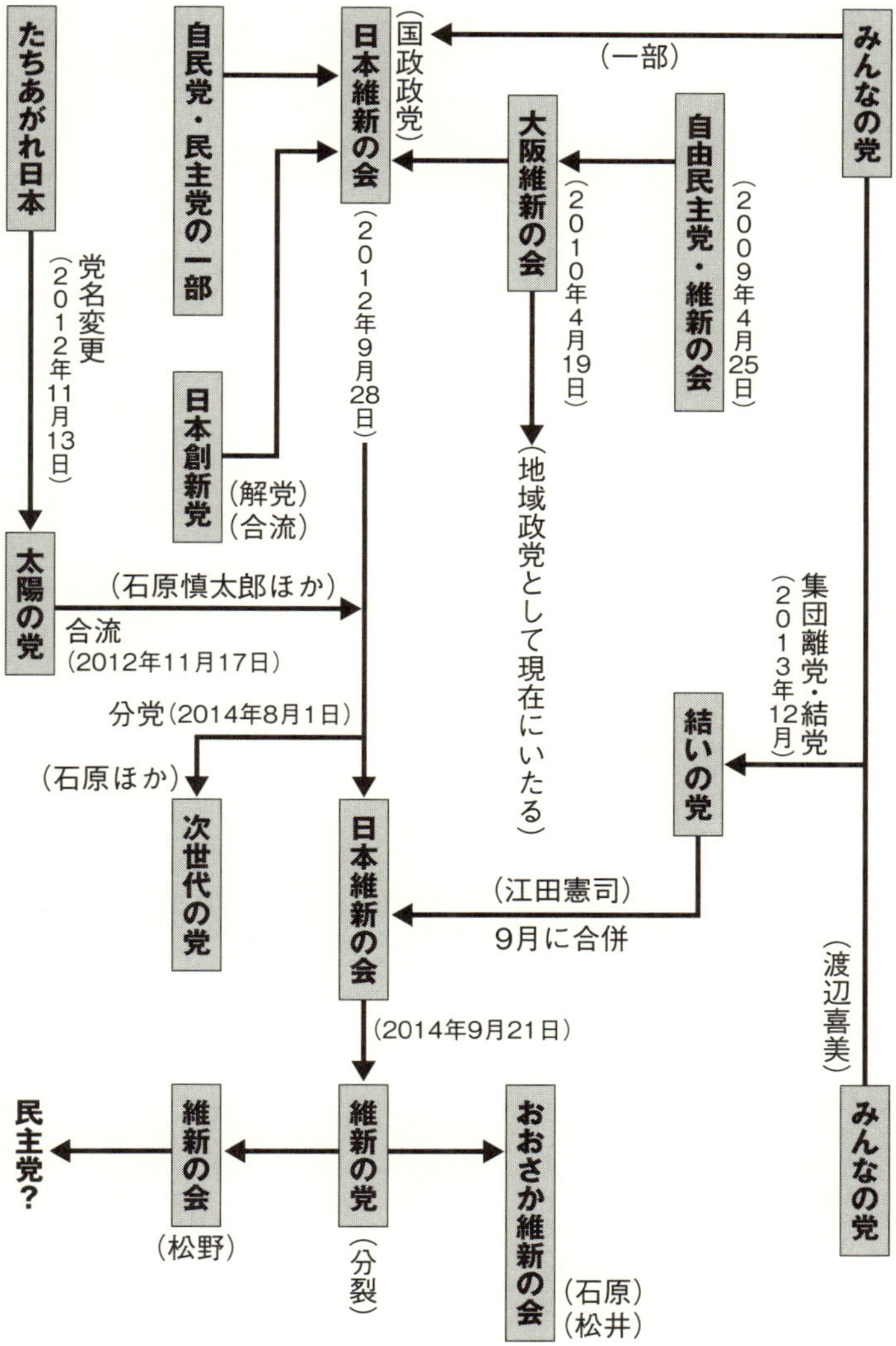
たちあがれ日本
党名変更（2012年11月13日）
太陽の党
（石原慎太郎ほか）
合流（2012年11月17日）
自民党・民主党の一部
日本創新党
（解党）（合流）
日本維新の会
（国政政党）
（2012年9月28日）
みんなの党
（一部）
自由民主党・維新の会
（2009年4月25日）
大阪維新の会
（2010年4月19日）
（地域政党として現在にいたる）
分党（2014年8月1日）
（石原ほか）
次世代の党
日本維新の会
集団離党・結党（2013年12月）
結いの党
（江田憲司）
9月に合併
（渡辺喜美）
みんなの党
（2014年9月21日）
維新の党
（分裂）
維新の会
（松野）
民主党？
おおさか維新の会
（石原）（松井）

維新の党が賛成するＴＰＰ（環太平洋戦略的経済連携協定）交渉の大筋合意に関し、民主党時代にＴＰＰに反対していた松野氏らに対して、「（維新に来る前に）民主党に所属していたメンバーは皆反対のはずだ。さあ偽物維新、どうする？」逆境こそ彼の真価の発揮どころである。そうしてこれまでも矢継ぎ早に話題を提供し、危険な綱渡りと見せて最後は笑顔で収まる。そうした「見慣れた光景」を気持ちよく見られる人の比率は恐らく減り続けているとは思うが、本当に油断できないのが「橋下徹」というキャラクターである。

「おおさか維新の会」の暫定代表に就任した橋下氏は、結党会見においても、維新の党（残留組）を「偽物」呼ばわりした挙句に、分党に応じない維新の党執行部を「金にがめつい」とこき下ろした。久しぶりに「がめつい」という言葉を聞いた。維新の党とおおさか維新の会の亀裂は修復できないところまできた。

本書を執筆している10月中旬の情勢では、ことはお金の問題に収斂し、手切れ金を寄こせ、いや渡さないの低レベルな話になっているのはいただけない。元々思いついたことをすぐ口走ってしまう「コロコロ王子」ならではの発言の結果であるともいえるし、冷笑している場合ではないとも思う。10月中旬すぎにまた奇策を表に出し、お騒がせぶりは健在だが、この本が書店に並ぶ頃どうなっているか予測ができない動きが彼の身上である。今度の分党騒動の裏には、橋下氏のしたたかな計算が隠されているに違いないという分析もあるからだ。彼は、無駄な動きはしないと評価する人もいる。一方で意外と短慮、自らを攻撃された瞬間に前後の脈絡とは関係のない世界に行ってしまう人でもあるという風評も存在する。それが何かを探る前に、維新の党のそもそもの立党精神はなんだったかを見ていきたい。「橋下的なるもの」を本当に御破算にするためには、しかとその実像を把握することが必要だ。

「大阪維新の会」の党是「維新八策」とは

大阪維新の会の政策は、幕末期に坂本龍馬が起草したとされる船中八策になぞらえ、「維新八策」と呼ばれている。何度か改定を繰り返し、２０１２年11月の版では１６４ページのようになっていた。これが、２０１５年10月１日の「おおさか維新の会綱領（案）」では１６５ページのように変化した。前文と共に掲げる。

我が国は今、国際的な都市間競争の中、多くの分野で停滞あるいは弱体化している。国内的には地方分権、地域再生が叫ばれて久しいが、未だ地方は 活力を取り戻せずにいる。人口減少と少子化、高齢化が同時に進行し、地方の住民は地方消滅の不安さえ抱いている。この不安

大阪維新の会「維新八策」2011年版

1	統治機構の作り直し	地方分権、首相公選制、参議院廃止、道州制、消費税の地方税化、大阪都構想など
2	財政・行政・政治改革	小さな政府、国民総背番号制、歳入庁の創設、衆議院議員を240人に削減、政党交付金の3割削減、ネット選挙の解禁など
3	公務員制度改革	能力・実績主義、人事院制度廃止、人件費削減、身分保障廃止、人事権一元化、政治任用制度、選挙活動制限など
4	教育改革	教育委員会制度の廃止、学校選択の保障、校長権限の強化、教育バウチャー制度、労働組合活動の総点検など
5	社会保障制度改革	社会保障給付費の積立方式、生活保護費の現物支給、年金の一元化・積立方式化、高齢者の自助優先、医療保険の一元化、混合診療の解禁など
6	経済政策・雇用政策・税制	競争力重視の自由経済、自由貿易圏の拡大（TPP参加、FTA拡大）、脱原発依存、人材流動化（解雇規制の緩和）、正規雇用・非正規雇用の格差是正、外国人人材・女性労働力の活用、負の所得税、フラットタックスなど
7	外交・防衛	日米同盟基軸、沖縄の負担軽減、PKOへの参加強化、土地売却等の外国人規制など
8	憲法改正	憲法改正発議要件（96条）を2/3から1/2へ、首相公選制、参議院廃止、地方条例の上書き権（94条）など

を解消し、国家を再生させるためには、首都圏一極集中から多極分散型（道州制）へ移行させ、地方を再生させることが不可欠である。しかるに、既存政党は全て地方分権に積極的ではない。

私たちは、地方から国の形を変えることを目的におおさか維新の会を設立する。おおさか維新の会は、東京の本部を頂点とするピラミッド形の既存政党とは全く異なる組織形態をもち、既存の中央集権型政党とは本質的に異なる地方分権型政党である。地方の議員や首長がダイレクトに国の意思決定に参画し、役割分担しながら分権を進める。おおさか維新の会は、国家と地域の自立、再生のため、日本が抱える本質的な問題の解決に取り組

おおさか維新の会「新維新八策」2015年版

1	統治機構改革	憲法を改正し、首相公選制、一院制（衆参統合）、憲法裁判所を実現する。地方課題については地方自治体が国家の意思決定に関与できる新しい仕 組みを創設する。
2	地方分権	首都機能を担える大阪都をつくり、大阪を副首都とすることで中央集権と東京一極集中を打破し、将来の多極化（道州制）を実現する。国からの上意 下達ではなく、地域や個人の創意工夫による社会全体の活性化を図る。
3	既得権益と闘う成長戦略	既得権益と闘う成長戦略により、産業構造の転換と労働市場の流動化を図る。成長を阻害する要因を徹底的に排除しイノベーションを促進するとともに、衰退産業から成長産業への人材移動を支援する。
4	小さな行政機構	政府の過剰な関与を見直し、自助、共助、公助の範囲と役割を明確にする。公助がもたらす既得権を排除し、政府は真の弱者支援に徹する。供給者 サイドへの税投入よりも消費者サイドへの直接の税投入を重視する。
5	受益と負担の公平	受益と負担の公平を確保する税制度や持続可能な社会保障制度を構築する。
6	現役世代の活性化	現役世代と女性の社会参画を支援し、世代間の協力と信頼の関係を再構築する。
7	機会平等	国民全体に開かれた社会を実現し、教育と就労の機会の平等を保障する。
8	法の支配	「法の支配」「自由主義」「民主主義」の価値観を共有する諸国と連帯する。現実的な外交・安全保障政策を展開し世界平和に貢献する。国際紛争を 解決する手段として国際司法裁判所等を積極的に活用する。

む。

おおさか維新の会の政治理念と基本政策は、次の通りである。

【政治理念】

自立する個人、自立する地域、自立する国家を実現する。

【基本政策】（「新維新八策」）（上掲の表・編集部）。

綱領からみる維新のあやうさ

私はさかのぼる2013年1月の段階で、橋下氏が率いる維新の会の先行きを、週刊文春の取材に答えてこう述べている。「いまや維新の会の理念が骨抜きになっているのは周知の事実です。政策重視を売りにしていたのに、総選挙では中身はどうあれ、看板の『維新八策』すら掲げられなかった。『企業献金の廃止』などに、石原さん率いる旧太陽の党が難色を示したからだと言われています。同様の理由で、原発を２０３０年までにゼロにするという提言も封印してしまった。『アルバイトに金を払ってはいけない』など、立候補者にとっての『イロハのイ』の公選法さえ知らない橋下門下の素人議員たちと、石原さん率いる百戦錬磨の旧太陽の党の面々が、この先一緒にやっていけるとは到底思えません。いずれ自壊していくのではないですか」

今度の動きを見ても、「自壊作用」は収まっていない。その意味で私の予測は大方の見方と同じであった。しかし留意すべきは、自民党の補完勢力であることをよりあらわにしたことである。野党であって野党でないと自ら宣言したようなものだ。

読売新聞（２０１５年10月１日付）は次のように報じた。

橋下氏は記者会見で「大阪都構想、大阪の副首都化を掲げた改革政党、本物の維新の会をもう一度作る必要がある」と述べ、東京と大阪の対立軸を強調。「地方分権型政党」と位置づけ、大阪に党本部を置く方向だ。

新党は安倍内閣が重視する憲法改正や労働分野の規制改革などを基本政策とし、政府・与党と連携して政策実現を図る路線を明確にした。

「政府与党と連携して政策実現を図る」のだそうだ。

多様な人間、反対意見をくるみこむ包容力

では、こうした橋下維新に対して私たちはこれからどう対応すればいいのか。純化という名の生き残りを図る「おおさか維新の会」にどう向き合えばいいのか。

ここまでは、橋下氏と維新の政治姿勢、手法、政策そのものを厳しく批判してきた。ただ、正直なところ、反対勢力をけなし、こき下ろすのは自分の趣味ではないし気分もよろしくない。単に「アンチ新自由主義」「アンチハシズム」のような物言いをしてしまうと、それはどこか違うような気もする。ただ敵対するのではなく、相手の認める部分は認めながら「こういう社会のほうがきっと面白いよ」という感じで提示していくべきだろうと思う。だが、それが通じる相手でないことも確かだ。

11年市長選のさなか、内田先生は私にこういうことをおっしゃった。

「怒りとか、ルサンチマンを原動力にした言葉遣いそのものの中に、実は問題があるわけです。

怒りに対して怒りで応じるのではなく、公人として立つ以上は反対者をも代表する、政治的な対立者の利害をも代表するような形で統治を行うという度量を示してほしい」

内田さんは、「対立じゃなくて包摂。それが公人の義務だ」と言われたのだ。私人としての個人的な好き嫌いや、価値観や美意識の違いを超克しないといけないと。

助言されてみて、改めて自分の感覚がまともであることに安堵した。

私は新自由主義——中でも市場原理主義の人々とは立場を異にする。維新の会そのものはひとまず置いておき、維新の会の支持者も含めて、市民のさまざまな不満と意見を吸い上げる。意見が違うと突き放すのではなく、根気よく説明する。そういう姿勢こそ、私の提唱した「市民協働」の精神であり、グローバリズムの論理とは対極の、脱グローバル社会のありようだと思う。

そこで難儀なことだが、最後にもう一度、維新批判に戻らなければならない。というのも、維新の考えを間違っていると批判し、それこそ「代案」を出すプロセスを私たちが経なければ、私たちの目指す「脱グローバル社会」を本当に実現することは難しいと思うからだ。私は革命家ではないが、よく言われる革命の真理「破壊の先に光がある」を思うとき、維新による破壊は偽物で、「橋下的なるもの」の破壊の先にこそ光がある。

具体的には、まず橋下氏の公務員バッシングの虚構を暴き、そうした風潮に終止符を打たねばならない。メディアの公務員批判の大きな波に乗って上から締め付け、なおかつ、市民のほうに向かって走ろうという市職員の気概を奪うやり方はいかがなものか。

どんな職員でも「まあ、そのうち市長も変わるやろうから、それまでおとなしくしていよう」と自己保身に走っても責められないと感じるし、そんな風潮はこの間、役所の中で広がりつつあるとも聞こえてくる。

行政のやり方というのは、一歩進むのに大変な努力と苦労がある。にもかかわらず、後はどうなっても構わないという思考のもと、彼はブルドーザーのような勢いで市政を壟断してきた。結果大阪市は、いとも簡単に潰れかかったのである。行政と教育を破壊した「橋下的なるもの」に気づけば、普通の人なら恐怖感を抱く。触れれば切れるカミソリから遠ざかる。真の地方創生をになう貴重な人材をこれ以上萎えさせてはいけない。市長を経験した者として、とくに思うことである。

教育への介入、伝統文化の破壊については前に繰り返し述べたとおりである。

今度の住民投票では、それを乗り越え、大阪市民の過半が彼らを否定したのである。

「すべては勝ち負け」「白か黒である」「政治家は決断、決めるのが政治」「なによりも、スピード感を持って」……。

こうした強くシンプルなキーワードで迫るのが橋下流だ。大衆はその歯切れの良さにしびれるのだが、果たしてそうだろうか。第7章のシンポジウムで内田樹氏はこう述べている。

「そういうスピード感とか、チェンジとか、リセットとかいうことを素晴らしいことのように語られましたが、僕はあまり意味がないと思うんです。政策の適否とはまったく関係ない。それは急激に実現するのか緩慢に実現するのか、遅速の差、程度の問題なだけです」

ばっさりと「橋下なる手法」を斬っておられる。いかにも内田さんらしい。こちらのほうがより歯切れがいいと私には思えるのだが、いかがだろうか。

もう一度言うが5・17の最大の意味は、「みんな、このへんで一度立ち止まって考えてみようや」という穏やかな民意がかろうじてしのぎ切ったということだ。

これも繰り返すが大阪、いや日本全体がかかえた「橋下問題」を解決するには、橋下氏個人を叩くだけではまったく不十分である。橋下氏と同じ土俵で、勝ち負けを争ってはかえって橋下氏を利するというか、今の悪い流れを加速するだけだと思う。

根本治療には、橋下氏の本質を徹底的にあばくと同時に、それを生み出した土壌（苗床）を改良しなければいけない。それができなければ、橋下菌、おおさか維新菌がまたぞろ培養されて、今度はもっと強力になって日本全土に飛翔する。

最後の最後に、全国の読者のみなさんに、重ねて警鐘を鳴らしておきたい。

「いまここにある危機」は大阪の問題だけではない。大阪はそれを全国に先駆けて体験しただけで、これは日本全体の危機であり、いずれは箱根の山を越える、いやすでに越えつつある。

先に引いた「秋葉原事件」が示したものは、「居場所がなくなり、自己を見失った若者が暴走する」ことが異常でもなんでもなくなった社会の到来であったと思う。そして、内田先生の言葉を借りれば、そうした危うい社会の中で、「国民自身が国家の解体に同意している。市民たち自身が市民社会の空洞化に賛同している。弱者たち自身が『弱者を守る制度』の非効率性と低生産性をなじっている」。そんな倒錯的な風景の前で私たちは立ちすくんでいる。

その中で一見、橋下氏は勝ち組で、加藤智大は負け組になるかもしれない。倒錯的な風景の中で咲いたあだ花は、早々に摘み取らねばならない、私たち自身の手によって。できればそのとき、敵をも包摂する大きな度量を持って。そのとき「橋下的なるもの」は深く地中に埋め込まれ、二度と顔を出すことはないだろう。いや、そうしなければならない。道は遠く険しいかもしれないが、信じよう、そして小さくともいい、地道に運動を広げよう。

第7章

激論！住民投票後の大阪・関西、そして日本の行方

「公共政策ラボフォーラム拡大シンポジウム」
（2015年5月20日）
内田樹、釈徹宗、薬師院仁志、平松邦夫

5・17決戦——民主主義復活の夜

平松　5月17日、大阪市民は住民投票に勝利し、「大阪都構想」を葬り去ることができました。本日のシンポジウムのタイトルは、「5・17住民投票後の大阪・日本はどうなる」。よくこのタイトルを結構早い時点で決めたと思います。3月ぐらいでしょうか。

それがこういう形で、笑顔で祝勝となったことを非常に嬉しく思っております。

内田樹先生は神戸市、釈徹宗先生は池田市、薬師院仁志先生と私は大阪市民。私はあやうく湾岸区民になるところでしたが（笑い）。

まず、住民投票の開票状況をどうご覧になっていたかを皆さんにお聞きしていきたいと思います。

薬師院　私は市内のレストランに呼ばれまして、藤井聡さんたちと一緒に開票状況を見守っていました。藤井さんは「ちょっとだめかなあ」という感じだったのですが、私はわりと冷静で、まず期日前投票の数字と当日の出口調査の数字を差し引きして、そして進行中の開票状況が当日の出口調査よりも大きな差が開いているのを見て、あ、これは賛成多数の地域から順番に開いているから、逆に反対多数の地域の票が開き出すといけるかなという感じで見ておりました。

内田 樹
うちだ・たつる

1950年東京都生まれ。神戸女学院大学文学部名誉教授。専門はフランス現代思想史。哲学研究者や思想家、倫理学者、武道家などとして、ユダヤ人問題から映画論、武道論など幅広く評論執筆活動を行っている。主な著書に『下流志向』（講談社）『日本の身体』（新潮社）など。近著に『困難な成熟』（夜間飛行）

平松　私はとてもそんな余裕はありませんでした（笑い）。ですから、すいません、今の私はまだ雲の中を泳いでいるみたいで、今夜のシンポジウムのコーディネイトがきちんとできる自信はまったくございません。

　釈さん、池田市民として今回の大阪の住民投票と開票をどういうふうにご覧になっていましたか。

釈　そうですね、まずは投票率が気になっていました。65％あたりを越えるかどうか。もし今回の住民投票さえも低い投票率であったなら、大阪市民の「市民意識」は絶望的状況ということですから。でも多数の大阪市民が投票所へ足を運びました。

　結果を見ますと、メリットが大きいといわれていた区で賛成が上回り、デメリットが大きいといわれていたところは反対が多かったと感じています。まあ、どの区も僅差だったので、おおざっぱな印象ですが。とにかく、ムードやノリや勢いで投票したのではなく、それぞれの市民がしっかり判断し

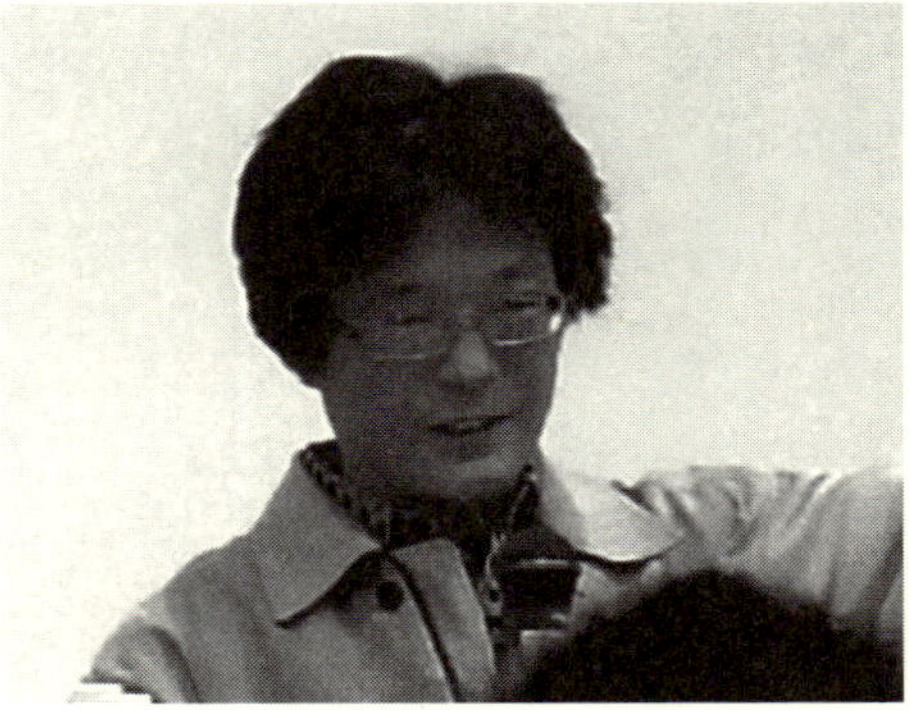

薬師院 仁志
やくしいん・ひとし

1961年大阪市生まれ。帝塚山学院大学リベラルアーツ学部教授。専門は社会学理論、現代社会論、教育社会学。主な著書に『英語を学べばバカになるーグローバル思考という妄想』『日本とフランス　二つの民主主義ー不平等か、不自由か』『社会主義の誤解を解く』（以上、光文社新書）など。

た上で投票したのではないでしょうか。

平松　開票速報は、勝ち負け、どっちの立場でご覧になっていたのですか？（笑い）

釈　私などは特別な情報や内情を知っているわけではありませんので、最後の最後までハラハラしてテレビを観ていただけです。家族全員、居間に集まって速報を観ていました。開票率90％あたりでも賛成が上回っていましたから、NHKと8チャンネルを交互に回して、反対が多いほうを選んだりして（笑い）。ああ、これは賛成多数に決まりだなと、家族全員が肩を落とした場面もありましたね。

平松　当日、私の後援会「翔の会」の事務所にNHKと関西テレビのカメラが入っていたのですが、カメラを意識するどころじゃなくて、敗戦の弁をそろそろ考えようかという状況だったわけです。

内田　神戸市民の内田さんはどういうふうにご覧になりましたか。僕は妻と2人で見ておりました。8時ころに見だした

釈 徹宗
しゃく・てっしゅう

1961年大阪府生まれ。浄土真宗本願寺派如来寺住職、相愛大学人文学部教授。専門は宗教思想、人間学。主な著書に『親鸞の思想構造』（法藏館）『法然親鸞一遍』（新潮新書）『死では終わらない物語について書こうと思う』（文藝春秋）のほか、内田樹、平松邦夫、鷲田清一との共著『おせっかい教育論』（140B）もある。

ときには、まだ半分ぐらいしか票が開いてなくて、それからしばらくは賛成多数だったので「あ、これはだめかなあ」ということで、やけ酒を飲み始めました（笑い）。それでも最後まで見届けようと飲んでいるうちに、急に「反対多数になりました」とテロップが出たので、妻と２人で「これ、おかしいよね」と（笑い）。開票率が98％になってからもまた賛成多数に戻りましたからね。

そのあたりで自民党や公明党、共産党などの記者会見が始まったのですが、みんなまだ笑顔になれない感じで、目が泳いでいるんです。本当に勝ったのかどうか確信できない状態での記者会見。こちらも、「いいから、１００％まで早く開けろ」と（笑い）。ようやく開票が終わるころには、すっかり酔っぱらってしまいました。

正直言うと、負けると思っていたんですよ。そして、これから日本はどういうふうに崩れていくのか想像して暗い気持ちになっていた。安倍さんが大喜びして、改憲の動きが加速

平松 邦夫
ひらまつ・くにお

して、海外派兵も始まるのかなあ、と。だから、5月17日は、戦後日本が終わった日みたいな感じで記憶されるのかと、絶望的な気分になっていたので、わずか1万741票の差ですが、ほんとうに安堵しました。もしかすると、これをきっかけに日本の市民社会と民主主義が復元力を発揮してくれるのかしらという希望を抱いた一夜でした。

平松　私は先ほど申しましたが、もう敗戦の弁を考えていました。内田先生がおっしゃったように票数にまだかなり差がある。NHKの数字を見たら98％の開票で、まだ賛成のほうが多かった。200票ぐらいかな。敗戦は間違いないなと思っていましたら、NHKが反対票が上回ると報道したので、NHKのカメラマンに「これほんま?」と聞いてしまいました。カメラマンに答えられるわけもないのに（笑い）。

街頭で初めてチラシを配り始めたのは2月7日。寒かったですね、その日は。場所は東住吉区の駒川商店街。駒川商店街は市長時代に何回も行ったところで、商店街の理事長とも面識がありましたので、普通は許可がなければチラシを持って店の中に入れないのですが、許可をいただいて配らせていただきました。

このチラシに書いたのが、藤井聡先生が１月27日に発表された『大阪都構想の不都合な７つの事実』です。実は藤井先生がこれを発表する前は別の文案を一生懸命考えていたんです。デザインもいろいろ考えて。ところが１月27日に出た藤井先生の文がすばらしい。この時点でこれに勝るものはないと考え、すぐ藤井先生に電話をして、ぜひ使わせてほしいと。これの反響がすさまじかった。ものすごく広がったものだから、いきなり橋下徹市長や維新の会からバッシングが来ました。橋下市長は藤井さんをテレビに出すなとあからさまに圧力をかけてきたことは、皆さんもよくご存知のことです。

ともあれ、このチラシを配りはじめたら、１人の市民の方が、すごく印象的だったのですが、私めがけて走って来られて、「待ってたんよ、反対派のチラシを」と叫ばれたのです。大阪の街中は、橋下さんと松井一郎さんの笑顔、あるいは統一地方選の維新の会のイメージポスターがずらっと貼ってあるわけです、山ほど。

今度の住民投票では、単に大阪市を真二つに割っただけではなく、投票に行かなかった人もいますから、３分割、みごとに33％ずつになっています。ここまで分断されてしまった市民を、どうやってもう一度結びつけるのか、歩み寄りは可能なのか。それが私たちのこれからの課題です。

今回、もし賛成派がうわまっていたら、戦後70年にして日本という国の民主主義が音を立てて崩れていったことでしょう。そういう大きな流れの中で「大阪で止めたる！」という思いで一緒に走っていただいた方がほんとうに数多くいらっしゃったのです。

そこで薬師院先生、今回の住民投票がなぜここまで接戦になったのか、どのように分析されますか。

賛成派と反対派はまったく違う立ち位置

薬師院　接戦になったことについては、かなり気にしているところです。私も街頭演説や講演をかなりこなしたのですが、最後のほうは、主催者が誰なのか、普段は何に取り組んでいる団体なのか、もう良くわからないけど、とにかく行きましょうみたいなことになっていました。

そして感じたことは、反対派の人々が実に多様であるということです。私自身、いろいろな政党、いろいろなグループや団体との共闘を経験しました。立場や考え方に違いはあっても、みなさん大阪のことを真剣に考えていました。だから、お互いに信頼して議論をぶつけ合うことができたと思います。

そして、街頭では、お年寄りがシルバーカーを押しながら手書きで「反対」と書いた旗を持っている姿を見ました。反対を訴える若いカップルにも出会いました。1人でハンドマイクを握って反対を訴えている青年もいました。強制や動員じゃなくて、人々が自ら街頭に出て来たのです。こんな光景は、はじめて見ました。

それに対して、少なくとも私が見たかぎり、賛成派は維新の運動員ばかりのようでした。みんな、揃いの維新Tシャツを着ていました。そんな状況が見えたとき、賛成派には、自ら街に出て訴えようとする市民が少ないのだと感じたのです。それなのに、こんな僅差になった。それがすごく印象的でした。

今回の住民投票は、正式には特別区設置協定書に賛成か反対かの投票でした。だから、当然ですが、反対する側は、大阪市を潰して5つの特別区にバラバラにすることに反対したのです。だけど、賛成派のほうは少し違っていて、既成政党を倒せとか、既得権益者を打破しろだとか、そういう次元で維新の支持にまわっているという感じでした。特別区協定書そのものの中身についてどうこうよりも、本筋とは全然違うところに反応しているという印象を受けましたね。

平松　おっしゃる通りですね。釈先生、「湾岸区」に通っていらっしゃるんでしょう。

釈　「湾岸区内」に勤務しています（笑い）。大学には市内に住む学生が多く在籍しています。薬師院先生も市内の大学に勤めてらっしゃいますから、もしかしたら同じような経験をされたかもしれませんが、大学生同士でも今回の問題について言い合いになったようです。たとえば、「私は反対だ」というと、「お前、もっとよく考えろ！」と怒鳴られたとか（苦笑）。「とにかくそれが嫌で、嫌で……」という女子学生もいましたね。

ですから薬師院先生がおっしゃったように、質のよくない分断と対立を生み出したことは間違いなさそうです。しかもそれが草の根的に波及してしまった。町内会や大学キャンパスまでに及んだ。

また、「住民投票って、こんなことでいいの？」とも感じました。スイスなどでは頻繁に住民投票が行われるそうですが、我々は初めての経験でした。だから混乱した面もあり、未成熟な面もあったように思います。住民投票には公職選挙法が準用されてましたが、まだまだルールも手探り状態なんですね。だから、かなり強引な説得やアプローチも可能だったりして。スケジュールを急ぐあまり、住民投票の形態自体がずさんになったのではないか。橋下市長は「国民投票のリハーサルだ」と発言していましたが、大阪市誕生以来最大の分岐点をリハーサルに使われてはたまったものではありません。いったん解体された共同体は復元できないのですから。今回の事態をリハーサルと言い放ってしまう感覚に大きな問題があります。

平松　内田先生はどうでしょう。

内田　政治の問題になるとほとんどそうなんだけど、SNS上で僕のタイムラインに登場する人はほぼ全員が反対なんです。維新が登場してからこの数年間に起きた大阪の最大の変化は、世論の徹底的な分断でしょうね。同じテーブルにいる人たちが違う意見を述べ合っているというのではなく、全然違う場所に生息していて、政治に対する言語の使い方も、ロジックも違っている。その間に対話の回路がまったくなくなった。

でも、それは仕方がないと思う。維新の政治って幻想的な言葉でしか語られないから。「輝く大阪」とか、意味がよくわからない。政治というのは、もっと具体的な目の前にある問題は煉瓦を積むように1つひとつ解決していくことではないかと考える人と、抽象語で政治を語る人とでは対話が成り立たない。計量的、具体的に政治を語る人たちと、異常にシンプルな「イエスかノーか」の定性的な枠組みで政治を語る人たちとの間の分裂が深まった。

実際には、どんなにややこしいトピックでも、それぞれの政策の具体的なメリット、デメリットを列挙していって、定量的に比較するという議論をしているかぎり、それほど激しい対立にはなりようがないんです。A案はメリットが49あり、B案は51ある。2ポイント差があるので、とりあえずはB案で行きましょうかというのが政治的な対話のありようなんだと思う。オレの案は100点で、お前の案は0点というところから話を始めたんじゃ対話なんかできるはずがない。でも、維新の政治というのは、全部「100%正しい政策と100%間違っている政策の間に対立がある」という語法に回収されてしまった。

でも、すべての政策は、それが適切であったか否かは、事後的にしか検証されないんです。実施する前の段階で「絶対正しい」ということは言えない。せいぜい「うまく行く蓋然性が高い。

なぜなら、こういう統計的根拠があるから」というくらいのことしか言えない。それでも、やってみたら勘定に入れ忘れたファクターのせいで大失敗しちゃった、ということはよくあることなんです。だから「2つの政策のうちのどちらが正しいか？」という問いのかたちで政策の適否は論じちゃいけないんです。「どちらがよりましか？」と問うべきだし、さらに言えば「どちらが失敗したときの被害が小さいか？」という問いが、政治を語る場合に一番重要なことなんだと僕は思います。

そういう「正しい政策と間違った政策」の二元対立の政治文化がこの7年間で、大阪発信で日本中に定着してしまった。今回の住民投票の賛成、反対、棄権が33％ずつ3分割されたという事実がその政治文化の「完成」をみごとに映し出していたと思います。だから、棄権した人を含めて、賛否両者が自治体の機構改革は正解があらかじめわかっていて「やるか、やらないか」というようなシンプルな問題ではない。「もう少しじっくりと腰据えて話しませんか」という合意形成プロセスに同意するところから始めるしかないんじゃないでしょうか。人を集めて、スローガンぶち上げて、催眠商法みたいなことをやるんじゃなくて、具体的に、個別的な数値とか統計資料とかをクールかつ計量的に吟味するところから始めないともう対話にならないと思いますよ。

平松　単に人口だけで、あるいは便宜的に5つに分けるというのはあまりに乱暴だし、5つに合区すると勘違いするようなやり方、大阪市がなくなるというのは書かない、詐欺だとはっきり思います。

その詐欺に騙されるのもわからないでもない。橋下さんは口がうまい。できもしないことも「できる」と、維新の会のホームページに書いてあります。こんなことはできないと思うようなことでも、「間違いなくできます」と平気で書いてある。催眠商法に近いですよ。

釈　昨年は橋下市長が突然むちゃな市長選挙を行いました。そして、今年は住民投票。年末にはまた市長選をやらねばなりません。こういうことにかかりっきりになっているわけです。大阪市がうけたダメージは甚大なものがあります。これから、市議会議員、市職員、市民まで含めたメンバーで立て直さないといけない。草の根的に波及した分断対立構造の転換が必要な状況だろうと思います。

それと同時に、やはり今回のことをきちんと検証をしなければいけないでしょう。住民投票で否決されたからといって、これまでのプロセスがなかったことになるわけではありません。協定書の作成、法定協のメンバー構成や選出方法、住民投票へ至る順序、情報のコントロールや圧力に至るまで、多くの論点・問題点が噴出しました。もし今回のことが国民投票のモデルになるとするなら、なおさらここでしっかりとした検証が必要となります。これは今回住民投票を経験した大阪人の果たすべき役割だと思います。

「二重行政批判」は大間違い

平松　大阪の人は融通無碍なところがあります。信じ込まされて、賛成を入れてしまった人が、ふっとわれに返るための処方箋みたいなものはありませんかね。

薬師院　さっき内田先生がおっしゃったことは、至極もっともだと思いました。政治そのものが違うということですね。話がもどってしまいますが、橋下さんは、住民投票で反対多数という結果を受けた後の記者会見で、「間違っていたということでしょう」と発言していたのです。僕はびっくりしました。

そして、出席していた記者から「賛成に入れた方も70万人近くいて、それだけの支持があったということですから、進退について考え直すということはありませんか」という質問を受けたときも、「負けは負けですから」と答えていました。それで、結局、あの人にとっては、勝ち負けこそが正しいか間違っているかの判断基準がなんだなあと思ったのですね。

つまり、ある意味潔く映ったのかもしれませんが、あの人は本心から勝ち負けがすべてなので、たとえ非常に微差であっても「負けは負け」ということでしかないのだと感じました。そういうふうに、本当に信じているのでしょうね。橋下さんは、その自らの信念を大阪市民に植え付けました。とにかく勝ち負けで決着を付けるという方法を持ち込んだのです。逆に言うと、「勝てば官軍」なわけですね。勝てば官軍なのだから、勝者は何でもあり、それに敗者は逆らうなということになってしまうのです。橋下氏にとって、これがウソ偽りのない信念なのでしょう。だからこそ、自分が負けたときも「負けは負け」「間違っていた」という受け止め方をするのだと思います。

なので、賛成した人々には、まず政治は勝ち負けじゃないということをわかってもらいたいと思います。協定書の問題点を説明するよりも、それが一番大切ではないでしょうか。そうしなければ、分断され、勝ち負けの争いを仕掛けられた市民の関係を修復することはできません。

その意味で、内田先生が「妥協と和解を探す」とおっしゃったことは、とても大切です。妥協や和解は、馴れ合いや談合という意味ではなく、お互い議論を闘わせることで理解し合い、歩み寄る努力を重ね、何とか合意形成を目指すということです。それが、足を引っ張り合うのでなく共存する知恵であり、民主主義そのものなのです。アメリカの哲学者ハンス・ケルゼンが言うとおり、妥協のない政治は民主主義ではありません。

勝ち負けを決めるのが民主主義ではない。勝者の支配が民主主義ではない。民主主義の定義は、何よりも全員による統治です。まず、それを訴えていく必要があると思っています。

平松　スピードが遅いのはダメ、決めること、決断する力こそが政治であると、そういう風潮がありましたよね。

内田 「スピード感」とか「グレートリセット」とか「突破力」とかいう言葉がもてはやされましたけれど、僕はそんなことは政治的にはあまり意味がないと思うんです。政策の適否と、政策決定の速度の間には相関がないから。早く決めたことは正しく、時間をかけて決めたことは間違っているなんて話はありえない。難しい問題であればあるほど時間をかけて当然です。今度の住民投票も、最終的な目標は大阪の繁栄のためであり、住民サービスの向上であり、行政の効率化であるわけで、達成目標そのものは賛成派も反対派も同じなんです。両者の違いは、煎じ詰めると、劇的にスピーディにやるのがいいと思っている人たちと、じっくり合意形成を積み重ねてやるほうがいいと思っている人たちの間のスタイルの違いにしかない。でも、そこには実は本質的な対立はないと僕は思います。短い時間でてきぱきとことを決めて制度変革してみたら大失敗だったということだってある。その場合には、その修復に膨大な時間と資源が投じられる。それを加算したら「スピーディな政策決定」はぜんぜん「スピーディ」じゃなかったということになる。そのリスクを考えたら、確実に直せるところからひとつひとつ直して行くというほうが無難だし、結果的には「急がば廻れ」で、時間も節約できる。僕はそう思います。政策実現の遅速の差は政策の適否と関係がないということを僕は何度でも言いたいと思います。

あと問題を起こしたのは「二重行政」という言葉ですね。政令指定都市は戦後つくられた制度で、大阪、京都、名古屋、横浜、神戸の五大都市がまず選定された。大都市に府県の権限を委譲したほうが行政の効率がいいという考え方に基づいて実施されたんです。

当然のことながら、府県は政令指定都市の創設に猛反対した。自分たちがそれまで持っていた権限を市に移譲するわけですから。それまで府県がやっていたことを市にまるまる委譲すれば二重行政は起きないけれど、府県が市への権限委譲を渋って、なかなか手放さない領域が残れば、当然そこにはグレーゾーンが出てきて、二重行政が発生する。二重行政をしたくなかったら政令指定都市という制度そのものをつくらなければよかったんですよ。

でも、一部に二重行政的なグレーゾーンは残るけれど、それでもトータルでは府県の権限を大都市に委譲したほうが、行政は効率的できめ細かなものになるという判断が支持されたからこそ、この制度は定着したわけです。現に、政令指定都市は最初５都市だったのが、今は20ある。現在だってたくさんの都市が政令指定都市になるための申請をしている。二重行政が絶対に許されないものであり、そのせいであちこちの政令指定都市の住民がたいへんな迷惑をこうむっているというのであれば、政令指定都市への指定に対して「やめてくれ」という住民たちの運動が各地ですでに起きて然るべきだけれど、そんな運動、日本のどこにもありません。ということは、いろいろ不便な点もあるが、便利な点もあり、トータル合算すると利点が多いという判断が支持されて、この制度は定着し、拡がっているということになる。

二重行政それ自体が悪だというのなら、都道府県制そのものだって国との二重行政なわけです。それが非効率だというのなら、都道府県も廃止して、行政機構を国に一元化して、全部国家公務員にすればいい。そのほうが効率がいいと思うなら、そういう提案があっていいはずです。でも、さすがに自民党だってそんなこと言いませんよ。だって、社会主義国の実験でわかったように、そんなことしたら行政制度そのものが限りなく肥大化していって、最終的には「何をしているのかわからないが、何かを管理しているらしい役人たち」で社会が埋め尽くされて、社会は活性を失ってしまうということが歴史的経験から学習されたからです。中央が一元的に支配して、箸の上げ下ろしまで国が細かく指示するより、権限は現場に委譲して、それぞれの現場でそれぞれの事情に応じて適切に対応するほうが行政は効率的に実施できることが経験的にわかったからこそ、地方自治という仕組みが採用されている。二重行政は「権限委譲が必然的に伴うコスト」なんです。けれども、そのコストを控除しても下位自治体へ権限委譲したほうが効率がいいから政令指定都市という仕組みができた。効率がいいから地方自治がある、権限委譲があるという一番原理的、基本的なことを押さえない議論が上滑りしている。

権限の分割というのは、そもそも立憲デモクラシーにおいては根本的な原理なんです。立憲デモクラシーではすべての権限が複数の組織に分割されている。三権分立がそうでしょう。でも、世の中には、三権の間である法律についての賛否の判断が違うと統治上非効率だと思っている人もいる。そういう人は行政府ひとつに法律の立案と執行と憲法判断の全部を集中させればいいと思っている。両院制だってそうです。参議院と衆議院、なんで2つあるんだ。７００人も国会議員は要らない。両院の意見が違う「ねじれ国会」だとものごとが決まらないから非効率だ。一院制でいい。衆院も４７５人もいらない。１００人もいれば十分だ。政党もいくつも要らない。１つで十分だ。議員内閣制も非効率だから、首相公選にして独裁権を与えればいい。民間じゃそうだ、株式会社はそうやっているんだから、国も自治体も株式会社みたいにしろ。ＣＥＯに全権を委ねて政策決定させたほうが国民間の合意形成の手間が省けて効率的だ。そういうふうに考える人にとっては二重行政は許しがたいものでしょう。でも、そういう考え方をする人は最初のボタンの掛け違えをしている。立憲デモクラシーというのは「簡単にものごとが決まらないように制度設計された統治システム」だということです。そういう趣旨で作られた制度に向かって「それでは簡単にものごとが決まらないから廃止しろ」という人はなぜそのような統治システムを近代市民社会が採択するに至ったかを頭を冷やして一度考えて欲しい。統治システムというのは成長したり、変化したり、金儲けしたりするための仕組みじゃない。「存続する」ための仕組みです。共同体が存続するためには、権限を一カ所に集中させないほうがいいということを人類は歴史的経験から学んだ。だから、こういう仕組みが考案されたんです。その一番基本のことがわかっていない人が統治機構の改革について語るのは、非常に危険なことだと思います。

経験的に言うと、それなりにうまく設計されたはずの制度が機能しないのは、現場にいる人間の質の問題なんです。どんな立派な制度でも、そこで働いている人間が不出来だったら機能しない。逆に言うと、かなり不出来な制度であっても現場にいる人間がそこそこまっとうな大人ならちゃんと動きます。二重行政といっても結局は組織の現場にいる人間の成熟度の問題なんです。制度の適否ばかり議論していて、不出来な制度でもなんとか機能させるだけの大人がいなくなったというより、本質的な危機について誰も論じていなかったということに僕はむしろ不安を感じますね。

平松　難波の府立体育会館と港区の大阪市中央体育館、稼働率をみたらびっくりするぐらい高い。それだけ両方とも利用されている。それを1つにしたら、市民が困ることは目に見えています。

政治文化の亀裂を助けたメディアの劣化

平松　今回は5・17の100日前から街頭活動に入ったのですが、橋下さんが何をやったのか正しく市民に伝えないといけないという強い思いにつき動かされて走ってきました。その中にだんだんいろんな人たちが入って来てくれて、統一地方選後は各政党の方たちとも一緒にいろんな動きができました。ふだんは政治なんか関係ないと言っていた若い人たちと一緒に心斎橋で集会をやったり、すごい経験をさせていただきました。これから先の人生でこれだけの経験をすることはないと思います。

一方、賛成された人たちのことを考えてみると、彼らは自分がだまされたとは思いたくない。自分はだまされるような人間じゃないと。ところが証拠がいっぱい残っているんです、だましにかけた証拠が。

内田　地域を歩いてビラをまき、小集会をやる。そうした小さな手作りの政治活動が終盤で出てきました。それでわかったのは、テレビメディアとそういう手作りの運動の間には大きな乖離が生じたということです。テレビはほとんどが都構想賛成で世論をまとめようとしていた。それに対してパーソナルメディアでは、固有名を持った市民たちが、1人1人に対して住民投票の意味を説明して、投票を呼びかけていた。このマスメディアとパーソナルメディア、ミドルメディアの乖離がかなり劇的だったと思います。テレビも新聞も、とても中立的とは言いがたい報道姿勢でした。官邸が都構想支持を明らかにしているので、官邸の顔色をうかがって報道したのでしょうけれど、このメディアの劣化も今回の住民投票で露呈したと思います。

僕たちのふだんの市民生活において、ネット上ではもう政治文化の二極化が起きているわけですけれど、それと同時にマスメディアの言説空間も分裂してしまった。もう架橋がむずかしくなっている。新聞やテレビ局が違うと、そこから見える世界が違う。それぞれが違う言語を使って、違う世界を見ている。ここをなんとかしないといけないと思いますね。政治言語や政治文化が二極化し、分裂していて、間に意思疎通がむずかしくなっていることに僕は恐怖感を感じます。

平松　薬師院さんそのあたりはどうでしょうか。この中で、薬師院さんと内田さんが橋下さんから「バカ！」と呼ばれました（笑い）。

薬師院　一連の報道の中で強く感じたのは、ただ単に真ん中を取るのが中立ではないということです。一方が客観的な事実を指摘しているのに、もう一方は明らかに間違ったことを言っている場合、さらにはウソを言っている場合、その真ん中を取ってしまえば、半分ウソということにしかなりません。

だから、単に真ん中をとって中立という考え方ではなくて、きちんと客観的事実に照らす報道が中立ではないかと強く思いました。あれを中立だというのなら、それこそ大きなウソをつけばつくほど、自分たちの流れに報道を持ち込めるということになりますね。そうなると、どんどん言いたい放題がエスカレートしていきます。

僕は、街頭で話をしたとき、いつも「これが何のための住民投票なのかを理解して下さい、問われているのは協定書に賛成か反対かということですよ、協定書に書いていないことは関係ないですよ」というところから始めました。そして、「協定書には大阪都も都構想も二重行政も一言も出てきませんよ、そんなことは住民投票と関係ないことですよ、ましてやリニアを引くだのオリンピックが来るだの、そんなことは住民投票とはまったく関係ありませんよ」と訴えました。とにかく、事実に引き戻すことに必死になっていたのです。その事実の中身を判断するレベルじゃないと感じたからです。特別区設置住民投票が大阪都構想の住民投票ではないことは客観的事実であって、中を取って中立だとか両論併記といった次元の話ではないでしょう。それでも、関係ないことばかり報道されれば、市民が誤解するのも無理はないです。

政治家・橋下徹の実像は

平松　橋下さんのような政治家を止めなければならないという思いは、他の政治家に対してもあります。誰のためにこの人は政治をやっているのかと。自分を利することだけ一生懸命考えている人が、人気があるからと大手を振って歩いている。これは違うと思う。公共の世界にいてはいけない人たちです。それこそ、社会的にいろんな形で影響力を持つということが怖いという話なんです。

釈　ずうっと聞いていて、胸が痛くなるようなエピソードでしたね。そうやって憎悪をまき散らすことで、いやな対立構造が拡散していきました。

まだ平松さんが市長をされている頃、『おせっかい教育論』でご一緒させていただきました。

そのとき、それまでは橋下さんは知事としてわれわれとうまくやっていたんだけれども、突如として手のひらを返したように攻撃をしてきた、「わけがわからへん」とおっしゃっていました。それを思い出しました。私の勝手な想像ですが、シンガポールあたりのビジネスモデル型の政治を学んで、都構想に取り組み始めたのが要因じゃないか、そんな気がします。

橋下知事・松井知事の政権で、大阪府の状況は悪化していることが次第に明らかになってきました。2012年に松井知事は、大阪府は「起債許可団体」となることを公表しました。地方債権発行に総務相の許可が必要となります。もちろん大阪府初の事態です。このままいくとさらに「早期健全化団体」になる懸念があります。財政は極めて深刻な状況です。この大阪府の財政を一発逆転でなんとかしなければならない、橋下知事時代からの不具合をなんとかしなければならない、それが都構想の正体ではないでしょうか。

また、メディアの話ですが、今回はテレビが「1分ごとにベルを鳴らして、主張者が交代」などと、いろいろ工夫をしていました。しかし、メディア側がなにひとつ自分で検証せずに、双方を並べて時間内にしゃべらせる、その一手でした。なおかつ、それがもっとも現市長に利するということは、うすうす気づいていながらやっていましたね。

彼は文章で討論をしません。おそらく文章で立論すれば、穴だらけになると思われます。つねに公開討論へ持ち込もうとします。確かに、公開で口喧嘩をやらせると、とても強い。勝てる人はめったにいないでしょう。理路を精査すると負けているような勝負でも、観客には勝ったような印象を与える才能をもっていますか、うまくかぶせるといいますか。語りが強いといいますか、その場その場での言葉がすごい。テレビ側としてはかなり頭をしぼらないと、橋下さんに誘導される結果になってしまうようです。テレビもなかなか太刀打ちできないという、大変な人物が登場したわけです。二世議員でもないのに、わずか6～7年で総理大臣候補として大衆が名前を上げるほどになりました。メディアは、いずれつぶれるだろう、などとたかをくっていたのでしょうが。

とにかく、今回、かつてないほど大阪人は政治について考えることとなりました。考えざるをえないところに追い込まれました。私もここまで大阪府と大阪市のことを考えたのは初めてです。今まではずっと浮世離れしたことばかり考えていたのに（笑い）。

でも、もともと大阪というのは２００ある橋のうち１３０まで自分たちで架けたというような都市ですね。それなのに、自治の心意気みたいなものが少々劣化していました。それが今回のことで風向きが変わりました。「もう一度自分たちの手でこの街を立ち上げたい」と考える人が増えた側面はある。その意味では、橋下さんは稀代のトリックスターでもあります。結果的に市民意識を高めることとなりました。

だからといって、もう不問に付すというわけにはいきません。政治家を辞めることですべてが終了ではない。これからの大阪を立て直す取り組みと同時に、これまでのやり方を検証せねばならない。

それに、まだ知事と市長の任期中ですからね。残り半年でまた何かやり出すかもしれません。「やはり都構想でなければ解決しない」などと言い出すかもしれない。今回の失敗だって、別に責任を取るわけじゃないですからね。都構想という名の大阪市解体案に関してどれほど多くの資金とエネルギーをつぎ込んできたのか、それがどれほどのダメージとなっているのか、ここもごまかされないように見ていかないと。やはり大阪の市民意識がポイントです。年内に行われる知事選・市長選において、高い市民意識を表明していきたいところです。

大阪市民の一大勝利

薬師院 検証は、われわれもしなければいけないと思っています。きちんと総括しておかなければ、同じようなことが起こるかもしれません。橋下さんがいくらニコニコして負けを認めても、対立を煽って勝ち負けを争わせるという政治手法が終わるわけではないからです。そのやり方で生じた溝も、簡単には修復できないでしょう。
たとえば、ある維新市議は、自民党の市議団に対して「アリンコ」だとか言いましたね。言ったほうは「負けました」で終わりのつもりかもしれませんが、アリンコたちと言われた自民党市議団の側は「じゃあいいですよ」とはなりません。他にも、維新は反対派がデマばっかり言っていると宣伝し続けましたよね。これだって、ウソつき呼ばわりされた側は「もういいですよ」とはなりませんよ。それで済ませてしまえば、維新政治がどんなものだったのかという事実がウヤムヤになってしまいます。だから、やはり検証は必要です。

個人的に感じたことは、いわゆる大阪都構想というものが、さきほど内田先生が触れられたように、現場で働いている人間や大阪市に暮らしている人間のことをまるで考えないで、カネの話や役所の形式の話に終始したものだったという点です。紙の上だけで役所の設計図を造り、「それで財源が生まれます」「行政サービスは低下しません、担当が代わるだけです」といった話ですね。

でも、実際に仕事をするのは生きている人間です。担当を代えるにしたって、すごく大変ですよねえ。3万6000人の職員が仕事の引き継ぎをやるのですよ。橋下さんたちは、紙の上の構想ばかり強調しますが、実際に生きている人間が働くのだという視点が完全に抜け落ちているのではないかと思います。

そして、忘れてはならないのは、今回の住民投票で大阪市民が下した判断が、すごいことだという点です。なぜすごいかと言えば、権力を握った特定の人たちが勝手な政策をどんどん進めようとしたとき、これまでの日本人は「しょうがないなあ、世の中こんなもんや、しょうがない」といった感じで、大人しくあきらめていました。だけど、今回、大阪市民は、それを止めたのです。初めて止めたのです。（拍手）否決という結果が出たとき、「ほんまに止めよった、大阪市民は凄い」と感激しました。

平松　いやあ嬉しいですねえ。ほんまに止まるかどうかというのは、私も途中であきらめた人間で、開票速報ってこんなに心臓に悪いのかと、昔選挙速報をやっていた人間が（笑い）、わかっている人間が、つまり投票箱を閉めた瞬間に結果は決まっているんですよ。

それをどうやって順番に見せていくかがドラマになってしまうという、開票速報のおもしろさ。あれ南から開いていたらもっと票がドーンと入ってどんどん真っ青になっていく、そういう形だったんですよ。

この1万741票の差がものすごいバランスだと思えてしかたがないのです。やはり1人ひとりふだん見ない情報に接して、あるいは情報を聞き、あるいは隣の人から話を聞いた結果として藤井先生がおっしゃったように、大阪市あるいは大阪市民がやりとげたということ。この政治風潮を、長いものには巻かれろ、なにいうても変わらへん、どんどんなんか違う方向に行ってても、「まあしょうがないとちゃうの」というようなものに大阪市民が待ったをかけて、なおかつ当代一の人気者の政治家が辞めざるをえないという選択までさせてしまった。「大阪市民の一大勝利や」というふうに言わざるをえません。

政治と言語文化

内田　橋下徹という人の政治的な資質や政治活動についての決算はこれからきちんとやるべきだとは思います。けれども、これまで彼を支持してきて、今も支持している人たちが大阪の有権者の半数近くいて、ああいうタイプの政治家に対して親近感を持っていたり、改革の担い手として期待しているということの意味はなかなか解明するのがむずかしいでしょうね。政治的業績についての総括は具体的、個別的に事実に基づいて検証をしてゆくしかないんですけれど、僕はそれとは違う形での総括も進めなければいけないんじゃないかと思っているんです。

平松　どういう形ですか？

内田　言葉の問題なんですよね。あの立て板に水を流すような語り口でなければ政治を語ることは許されない、口ごもったり、言い淀んだら、それは「負けた」ということだという橋下さんが採用したルールを止めてほしいんです。いいじゃないですか、口ごもったり、言いよどんだりしても。むずかしい問題、複雑な問題、正解が簡単にはみつからない問題について語ろうとすると、人間はそうなって当然なんですよ。

この間、山口県の周防大島《すおうおおしま》にいましてね、そこに若い移住者がたくさん集まっている。そこの村の人たちのやっている「島のむらマルシェ」というイベントに呼ばれて講演をしてきたのです。そのときに、村に新しく来た移住者の若者たちと話をしました。農業や養蜂や織物や物販や、いろいろな仕事を新しく作り出している。運動の中心になっているのは農業をやっている若者たちなんですが、「どうして都会の生活をやめて農業を始めたの」と聞いたら、農業している若者が一番口下手なんですよ。「うーん、なんででしょうか……」って絶句しちゃうんです。顔は笑っているんですよ。毎日土に触っていられるのがとても楽しいんだということはわかるんです。でも、改めてどうして今ここで有機農業をしているのかと聞いても、すらすらとは答えが出てこない。僕はその「うまく言えない」というところに強い説得力を感じたんです。彼が口ごもるのは、自分が日々農業の現場で経験していることが複雑すぎて、深すぎて、うまく出来合いの言葉に乗らないからなんです。簡単には言いたくない。簡単にはわかってほしくないということでもある。神戸からふらっとやってきた僕に「あ、そうかそうか。なるほどなるほど、すっかりわかりました」なんてあっさり言われたくないということもあるのかもしれないけれど、やはり自分の日々の生活実感、身体実感が、複雑過ぎて、重過ぎて、深すぎて、うまく言葉に乗らない。その「言葉に乗らない」という感じが、僕にはすごく響いたんです。ああ、この人は今すごく大事なことをやっているんだなということが、それでわかった。

大学の教師をやっているとわかるんですが、ゼミの面接のときに自分の研究テーマとか目的とかをペラペラとしゃべる学生は大体勉強しないんです（笑い）。勉強するのはそういう学生じゃなくて、「こんなことを研究したいと思っているんです」というから、「なんで？」と聞いたら「さあ」（笑い）って答えるような学生です。「何かそれに関する本を読んだの？」と訊いても「いや、まだ何も読んでません」。どうして自分がそれを研究テーマに選んだのかが言えない。当然読んでおくべき基礎的な文献も読んでいない。でも、何となくそれがやりたいというタイプの子って、普通だったらゼミの面接でははじかれちゃうんでしょうけれど、僕の経験から言うと、そういう子の中にときどきめちゃめちゃ面白い子がいるんです。自分の中にある種の知的関心が生まれているんだけれど、それが生々し過ぎて言葉にならない。そういうことがあるんです。でも、自分の思っていることを何とか言葉にはしたい。だから、勉強する。勉強しているうちに、「自分がこれに興味を持ったのは、このことを知りたかったからなのだ」ということがだんだんわかってくる。

言葉にできるまで長い時間がかかることってあるんです。そういう仕事をしている人は自分の思いを語るときに、言いどよんだり、口ごもったり、どもったり、同じことを何度も言い換えたりする。でも、テレビ的な言葉づかいって、そうじゃないでしょう。自分が何を考えているのか、自分には全部わかっているかのように語る。でも、そういう言い方で出てくる言葉はだいたい出来合いのストックフレーズか、ウソなんです。言いよどみながら一生懸命言葉を探っている人は真実のまわりを手探りで言葉を探しながら、ウロウロとまわっている。そういう言葉は重いし、響く。ぺらぺらと流れる言葉は、表層を滑るだけで、こちらの心に何も残さない。

この間、仙台の空手家の方と話したときに、「内田さんの言葉は大胸筋に来る」と言われました。その人は頭に入る言葉と、胸に入る言葉を区別するんだそうです。何を言っているのかよくわからないけれど、僕の言うことはじわっと胸のあたりにしみるんだと言われて、ちょっとうれしかったですね。

今メディアで行き交っている政治家たちの言葉って、「胸にしみる」言葉ではないですよね。すごくシンプルで、薄っぺらで、攻撃的で、聞いているうちにだんだん気分が悪くなってくる。脳で作り上げた言葉なんです。身体に全然しみ込んでこない。そういう「胸に届いてこない言葉」というのは聞いちゃいけないと思う。そうではなくて、「胸にしみる言葉」「身体に触れる言葉」を聞きなさい。そういう言葉の種類の違いをちゃんと聞きわけることができなければいけない。そういう「リテラシー」が必要なんだけれど、それが今の社会的訓練の中ではまったくなされていなかった。

うまく言えなくても、いいじゃないですか。1人ひとりの表現に対する寛容さ、忍耐、想像力、共感性とかをもっともっと大事にしていかないと。そうじゃないと、今の日本社会を覆い尽くしている、安倍晋三的、橋下徹的な言葉づかい、彼らが体現している政治文化には対抗できないんじゃないかという気がします。

悪意の表現が大手を振る社会

薬師院　今回の大阪の問題で実際に街に出てみて、言い方は悪いかもしれませんが、維新支持層の中には、いわゆる確信犯的な人がかなりいるのではないかという印象を受けました。本心では、維新の言っていることが怪しいと思っている人たちですね。本当はウソじゃないかと思っていても、維新と一緒になって誰かを叩いて、それで溜飲を下げるというか、憂さ晴らしでもしているような人たちがいると感じました。

他人を貶める、他人の悪口を言う、弱い者を攻撃する。特にネット上で、自分の素性を隠して誰かを叩こうとする維新支持者が多くいると感じたのです。

たとえば、私もネット上でさんざん悪口を言われましたが、私の発言の何がどう間違っているのかといった説明は１つもなくて、ただ「バカ教授」などと言って叩いてくるわけです。住民投票での反対派は、顔を隠さず街頭に出ました。でも、維新支持層の中は、少なくとも一定のパーセンテージで、顔も名前も出さず、ひたすら匿名のネット上で反対派を罵倒している人がいるという印象を受けました。ここには、一種の確信犯的な部分があるのではないかと思うのです。内田先生はどう考えられますか。

内田 ネガティブな感情というのはすごく感染力が強いんです。自分には別にネガティブな怨みもつらみも憎しみもないのに、身近に憎しみとか怨みとか嫉妬とか羨望を激しく発信している人がいると、それに感染してしまう。もちろんそういう人は市井にはいくらもいますけれど、これまではそういう人が公共の場に出てきて公人として発言をすることなどあり得なかった。現職の市長が一私人となった前市長の家の前にやって来て、個人を攻撃するなんて、考えられないことですよ。そういう考えられないことが起きてしまった。市民社会はそういう「変なこと」を想定しないで仕組みができていますから、そういうふるまいの持つ破壊力って、すごいんです。ものすごい感染力がある。ああ、市長や府知事でもああいうことをやっているんだ。なんだ、ああいうことは「やっていいこと」なんだ、と。みんなそう信じてしまう。地獄の釜の蓋が開いたようなものです。そういうことは「はしたないこと」「非常識なこと」だから、心で思っても行動には出さなかったのだけれど、やっても平気、処罰されないし、非難もされないということがわかった。こういうことの感染力はすごいですよ。

だから、彼らはわりと言葉使いが似ている。パターンがある。人を攻撃するときに、実際の相手に実はあまり関心はないんです。誰が相手でも、どうでもいい。相手を個体識別しない。自分の中にある「何か」を吐き出したいだけなんです。だから、やることはシンプルなんです。人が守っているものを傷つける、人が大事にしているものを汚す。それによって攻撃された相手ががっくりと生命力を失うのを見るとうれしくなる。人の生きる力が衰えているのを見て、ある種の全能感や爽快感を感じる。もちろん、誰にでもそういう攻撃性や暴力性は、程度の差はあれ、あります。でも、それをどうやって抑制するかで市民的成熟は計られてきた。そういうことは「思っても口に出しては言わない」「思っても行動にはしない」というふうに制御してきたのが、ここにきて抑制が外れてしまった。市長だろうが総理大臣だろうが、どんな口汚い言葉を口にしても構わない。ほんとうにそう思っているんだし、その思いに共感する人が何十万、何百万もいるんだから、言ってもいいんだ、してもいいんだ。そういう話になった。市民的抑制というものには何の価値もないということになってしまった。

ですから、平松さんお願いだから怒らないでねって（笑い）。ずっとそう言ってきました。向こうがどれほど罵詈雑言を浴びせかけてきても、平松さんは冷静に言葉を1つずつ尽くして、相手が十言ったことに対して仮に一しか答えられなくてもいい。その一を丁寧に反論するようにしてくださいと申し上げたんです。それをやったら負けちゃったんですけども。

平松　あのときの橋下さんの勢い、彼が持っている勢いに、負け惜しみじゃないんですが、誰が立ち向かっても、おそらく勝てなかっただろうと思います。

今のお話の中でやはり思ったのは、人の家の近くに来て天下の人気者が「そこに住んでいらっしゃるんですよね、出て来てください」と言われた家族の身になって、なおかつ「あなたはなにもしなかった」と言われる家族の身になっていただいたら、その痛みはおそらくわかっていただけるでしょう。

さすがに大阪維新の会のホームページでもその日のタウンミーティングはほんの瞬間的にしか上がっていませんでした。ところが瞬間でもあがるとその部分だけをトリミングしてずうっと流している人がいるんです。だから私の裁判でも、こういうこともやられたが辛抱してたんですよという形での傍証として提出してあります。

それと、職員が3万6000人という話でふっと思い出したのですが、つい先日つぶやいたことであるんです。

5月11日と5月13日に菅官房長官が記者会見をされました。その中で「大阪市の職員数は3万5000人、一方私の出身である横浜市は1万9000人の職員。人口が100万人も少ない大阪市がどうしてそんなにたくさん職員がいるのか」。さすが大阪都構想賛成の菅さんらしい言い方をしたんです。

これを、私の非常に親しい人がやっている勉強会を聞きに来ていた子が「平松さんこういう数字があるんです。菅さんが言った数字は違う数字なんです」と見せてくれた。

要は総務省の資料でいうと、大阪市の職員総数は3万5000人。横浜市の総数が2万7000人なんです。その2万7000人から公益企業の職員を差し引くと1万9000になるんです。そうしたら大阪市の公益企業の職員も引かなければなりません。そうするとその職員数の差は7000人ほどになってくる。それをフェイスブックに全部あげました。拝啓菅官房長官様（架空手紙）と書いて。

やはり前から感じていたことは、大阪市の「悪者伝説」、これを大阪市民は信じ込まされている部分があるんです。

釈先生このあたりをどういうふうにわれわれは今後やっていけばよろしいでしょうか。

どう立て直す？　大阪の教育崩壊

釈　そうですねえ、「大阪市悪者伝説」というネーミングはいいですね。平松さんはネーミングがすごくお上手で、以前大阪を評して「形状記憶都市」と語ったこともあります。大阪はさまざまに変貌してきたけれども、性根の性格は継続していて、しばしば原型に戻ろうとするあり様を指した言葉です。これは今でも使わせてもらっています。「大阪市悪者伝説」も使い勝手がよさそうです。確かにまるで都市伝説のように大阪市の極悪ぶりが伝えられてきました。

松井知事と橋下市長が誕生したダブル選挙のときの、あの勢い。あれを思い出すと、今回は本当に信じられない結果です。隔世の感があるような気分にもなります。

それにしても、あらためて民主主義という制度についてもよく考えねばならない思いです。やはり民主主義の肝要はものごとを決めていく順序にあると実感しました。単に多数決で決めるということではない。『雑宝蔵経』という仏典に、「あらゆるものにはそれぞれ特有の徳がある。しかし、順序を間違えるとその徳は消える」といったことが書かれてあるのですが、それを思い出しました。ただ単に数が多いほうの意見が通るというのなら、かなり危険な制度になってしまいます。

今回も、こんなに大きな方向性が数の多少で決まってしまうのだな、と少々怖さを感じました。なにかスッキリしない感が今も残っています。もちろん否決されてよかったと喜んでいるのですけど。だからといって、住民投票の日まで懸命に取り組んできた人たちや、賛成の活動をしてきた人たちの思いも無視するわけにはいかないでしょう。あまりはしゃぐ気にもなれない。なんともいえないスッキリしない感じがあります。橋下市長は、「いやあ民主主義はすばらしいですねえ」（笑い）とか言っていましたが。

また、「叩き潰そうとして、叩き潰された」とも発言していました。ああ、この住民投票をそんなふうに見ていたのかと思うと、よけいにやりきれない気持ちになりました。住民投票って、叩き潰すか潰されるかという性格のものなのでしょうか。こういう感覚の人が教育改革をやっているのかと思ったら、ほんとうに悲しくなって。

今はからずも「教育」と口について出ましたが、財政だけじゃなく、大阪の教育・文化についても、立て直しが必要となっています。

内田　立て直しはむずかしいでしょうね。7年にわたって徹底的に破壊したわけですから。市長が代わったからといって、その日から教育全般がよくなって、みんなが笑顔になってなんてことはあり得ないわけ。教職員の中には職業的なプライドを傷つけられて意欲を失って、職場を去った人がたくさんいます。この人たちの穴は一朝一夕では埋められないです。

橋下さんは最初、大阪市職員を悪者に仕立て上げましたけれど、教員も悪者にされた。教育現場の人は7年間それをやられ続けてきたわけです。7年といえば、小学校1年生はもう中学生になる期間です。その間ずっと、自分たちの先生が市長や府知事や政治家や教育長からぼろくそに言われるのを聞かされてきた。それで先生を尊敬しろといってももう無理ですよ。

それに、罵倒された先生たちの多くは不本意ながらも「長いものには巻かれろ」という保身術を採用した。しかたないとは思います。先生だって生活があるんだから。でも、子どもたちはそれを見てどう思いますか。それまで自分には譲れない教育的な信条があると言っていた先生が、上から叱責されて処罰するぞと脅されたら、それまでの思想信条を捨てて、腰砕けになったとしたら。そんな先生を見せつけられたら、学校ってなんてつまらないところだろう、教師ってなんてつまらない人間なんだろうということを骨身にしみて学習することになる。その意味で、この7年間に橋下市長が破壊したもののスケールはすさまじいものですよ。学校というのは「上の人間が命令したことは、どんな理不尽でも従わなければならない場」だと教え込まれ、教師というのは「上の人間が命令したことは、どんな理不尽でも従う人間」のことだと教え込まれて7年間過ごしたあとの子どもたちの中に、学校に対する愛着とか、教師に対する信頼とか醸成されるはずがない。そういうふうに、教育に対して嫌悪と侮蔑の感情ばかり植え付けられた子どもたちがこれから成長していって、どうなるんでしょう。彼らの中にあった何かが破壊されてしまった。それはもう復元できないんです。幼いときに学校と教師に対して絶望させられた子どもたちが今大阪には何万人という規模でいるわけですけれど、そのことの責任はいったい誰がとるのか。

こういう被害は数値的に示しようがないんです。知性と感性がまだ柔らかいときに、学びの機会を傷つけられ、学びの機会を奪われた子どもたちの失ったものに対して、いったい誰がこれを補償するのかと。こんなことは被害の測定しようがないんですよ。僕が一番怨み深く思うのはそのことですね。教育現場にいる人間として、とにかく政治家とビジネスは絶対教育現場に手をつっこむなと言いたい。教育権の独立ということを改めて言っておきたいです。

平松　記者会見で今と同じことをおっしゃいました。

内田　特別顧問就任のときにもまず「市長も教育には口を出さないでほしい」と言いましたからね。でも、維新の時代が大阪の教育をどんなふうに破壊したのか、その被害の実情は10年、15年先にならないとわからないかもしれないという気がします。

平松　私の市長時代の年間教育予算は60数億円しかなかったが、維新はこれだけ毎年毎年増やしてきたと彼らは言いました。でもその中身を精査してみると単に教育予算じゃなくて、青少年予算のなにもかも全部入れたら、私のときよりも下がっているんですよ。

下がっているのですが、最後の年だけは上がっている。じゃあなぜそういうものが出せたかというと、たとえばＩＣＴ教育と称してタブレットを配っています。それはまさに教師がいなくなっても端末で教育ができますよ、あるいはバウチャーで塾に行ってくださいと、お金を出しているでしょうと。そんな金額の多寡だけが独り歩きするような教育現場ってありですか。

肌の触れ合いとか、温度みたいなものが伝わらない。あるいは誰が見ても同じものを見て成績が上がったという社会がいいんだろうか。それは１つの価値観だけに収れんしてしまうことになりかねない。本来人間社会には多様性があるから、みんないろんな仕事を一生懸命やって人の役に立つことができないかと考えられるんです。子どものときからこれに金をかけましたということだけでやっていると、私はエライ目にあうのではないかと思うんです。

薬師院　教育の場合にしても、やはり人間を見ていないですね。やることは、モノを配る、お金を配る、そんなことが中心でした。逆に、生徒や保護者が何を望んでいるのか、何が子どもたちのためになるのか、どんな人間を育てたいのか、そういった中身が非常に希薄だと感じます。あるとすれば効率性くらいで、生きている1人ひとりの人間を見る態度ではなく、何だか工場のような発想ですね。

私は自分の子どもたちが大阪市立の小中学校に通いましたから肌でわかるのですが、明らかに人手が足りません。そうすると、保護者によっては「先生はちっとも面倒をみてくれない」ということになってしまいます。でも、見られないですよ。絶対的に人数が足りないのですから、無理な話なのです。公立高校の中には、人手不足で図書室がずっと閉まっているなんていうところさえあるのです。

でも、維新の宣伝が上手いからか、親たちの中には、学校がけしからん、教師がけしからん、教育委員会がけしからんという感情を持って、「橋下さんなら改革してくれる」という期待感を募らせたりする人がいるのですね。問題の本質が曖昧にされて、物事が訳のわからない方向に進んでいる気がして仕方ないです。

実際に大阪市の公立学校に子供を通わせている親としては、先生が気の毒になるところがあるのですよ、大変でしょうなあと。問題が多いのに人が足りないのですから、物理的に無理がかかりますよ。それが、結局、熱心な人の無理な頑張りによってカバーされてしまっている。だけど、それでは、かえってシステムの欠陥を延命してしまうようなことになってしまうんですね。

　僕だったらストライキでもしようと思うのですが、でも今日授業を受けなければいけない子がいるわけですね。ストライキで闘おうと思っても、子どもの将来のことを考えたら、なかなか踏み込めない。今の中学3年生にとって、この1年は人生で一度きりですから。それで、なんだか足元を見られ、苦しめられているという感じがしますね。


釈　みなさんの意見をうかがっていると、かなり絶望的な状況であることがわかります。つまりは今回の住民投票に至るまでの手口・やり口がいたるところで拡散して、大変な損傷を与えているということなのでしょう。短期間で成果を出せという圧力を行政や教育や文化にまでにかけている。各領域は数字を操作してでも取り繕う。実際には学力テストなどで大きな成果は出せていない。公募校長だって、トラブル続き。そりゃそうです、互いにアラ探しするような現場にしたいのですから。いいものになるはずがない。

　もともと大阪の教育現場は、いろいろと問題を抱えている子を丁寧に導くところに大きな特性がありました。確かに全体的な学力は高くないかもしれないけれど、こぼれる子を教職員が身を粉にしてケアしてきた教育風土があります。でも風土などという数値化できないものに興味のない人から見れば、すごくダメな教育に映るのでしょう。

　もし、大阪の〝弱者に寄り添う教育風土〟が壊れてしまったのであれば、とても残念なことです。風土なんてあいまいなものは、一度壊れると二度ともどらないかもしれない。

大阪から、これからの日本を考える

平松　僅差の勝利ではありましたが、大阪市が残ったということは事実です。間違いのない事実です。賛成派は、代案を示せ、もっとよい方法を示せと言いますが、それは違うということを1つずつ示すとともに、残った大阪市がどれだけ毀損されたかを明らかにしていかないといけません。今回の選挙で使った金は9億3000万円、地方選挙では6億円使いました。あるいは、維新は国の税金でコマーシャルをバンバンつくりました。

そのお金があったら、もっと前向きに大阪府の借金を返せたのではないですか。最後にまたヒートアップしましたが、今日のシンポジウムのまとめをお願いいたします。

薬師院　今日は、話す立場として来たのですが、私もいろいろなお話を聞かせてもらって、嬉しかったですし、勉強にもなりました。内田先生がさきほど、人の暗い部分の蓋を開けてしまったというようなことをおっしゃいましたね。私も、同じように感じまして、ここ数年の間に生まれた人心の荒廃というか、今の状況に愕然としているところはあります。

でも、その一方で、希望も持ちました。反対運動をしていると、いろんな人たちが、一緒になってどんどん街に出て来てくれたのですね。今まではそんな経験のなかった人たちが、自分たちも街に出ていいんだ、自分たちも声を上げていいんだと思い始めたような気がするのです（拍手）。だから、ごく普通の市民が、本当に個人のレベル、友だちのレベルで街に出て、お互いに励まし合い、時には議論もして、共に闘いました。本当にたくさんの人たちが、最初は恐る恐る出て来たのかもしれませんが、だんだん、自分たちも街に出て声を上げていいんだという思いを強くしていったように感じるのです。これが、とても大きな救い、希望だと思っています（拍手）。

釈　私も、今日みなさんのお話を聞いて、改めて〝いわゆる都構想〟が否決されてよかったなあというのが実感です。でも、繰り返しになりますが、今回の騒動で大阪がうけたダメージは大きい。

たとえば、先日、国が出した地方創生のプランで、企業移転に税制優遇がなされるとなっています。しかし、これに京都、神戸、大阪は除外されている。そんなバカなということで京都市と神戸市は声を挙げているのですが、大阪市の動きはとてもにぶい。住民投票に多くのエネルギーを使っているからだと思われます。

さて、では次に大阪が向かうべき方向はどこにあるのか。総合区という話が出ています。これがいいのかどうなのか。今度はまた総合区について勉強しなければいけない（笑い）。

いずれにしても、今回の件をきっかけに高まった市民意識を大切にしていきたいと考えています。たいしたお話もできず失礼しました。お疲れさまでした（拍手）。

内田　今日は主に住民投票のお話でしたが、当然その先に国政の問題があるわけで、国会では安保法制の問題がある。安倍さんと橋下さんは、やはり政治手法、政治原理も非常に似ている。危機を煽って、矢継ぎ早に新しい論点を出してきて、いくらでもウソをつく。やり方は非常によく似ていて、僕たちはそれにずいぶんせき立てられて後手後手に回ってきたというところがあると思います。

今回の大阪の住民投票が示したことは、小さな地べたからの手作りの運動でも政治は動かせるということだと思います。安保法制のことも、そんな急に変える必要なんかない。もっとゆっくり考え、ゆっくり話し合って、国民的合意形成を行うべきなのに、なぜか法律制定を急いでいる。今すぐ抑止力を高めなければ外国軍に侵略されるというようなリスクなんかないのに。

安保法制への反対運動、それから沖縄の闘いも非常にもりあがっています。そうした点と点がつながっていくと、やがて日本の政治も変わりうるんだと思います。今回の5月17日がその契機になればと願っています。立憲政治や民主主義を守ろうという人たちはまだまだたくさんいるわけです。とくに目新しいことをしなくてもいい、背伸びをしなくてもいい、自分たちが今いる現場で、自分たちの使っている言葉で、自分たちの仕事を通じて、安倍政権・橋下市政の動きを止めていく。そういうことができる。今回の大阪の住民投票はそれを示してくれたと思います。多くの日本人はこれでとりあえずホッとしたんじゃないでしょうか。日本中に向かって、激励のメッセージを送ってくれたと思っています。そのことについて、改めて神戸市民の立場から大阪市民の方々に感謝と敬意を表したいと思います。どうもありがとうございました（拍手）。

平松　今回は、ずっと街を歩いてチラシを配っていましたので、「もういっぺん出てよ」「戻って来てよ」という人もいっぱいおりました。いっぱいおりましたが、自分の中ではほんとうに白紙です。知事と市長のダブル選挙があるのですが、ベストの選択は誰かということをぜひ自公民共の4党統一で、ほんとうに大阪を取り戻せるのはこの人だという形で選んでいただきたいと思うんです。

私も、ほんとうに大阪がよくなることを目指して、今後もいろんな形で「公共政策ラボ」や私の後援会「翔の会」で仕掛けてまいりたいと思います（拍手）。

（＊このシンポジウムの再録につきましては、紙幅の都合上パネリストの発言部分を重視し各位に加筆していただき、私のコーディネーターとしての発言部分は縮める形で集約したことをご了承くださいませ。著者）

刊行に寄せて

平松邦夫氏と私は彼が毎日放送アナウンサー時代からの永い付き合いだ。局では私が少し先輩である。彼は報道担当、私は取材現場も管理畑も含めて雑多な道を歩んだ。海外取材経験豊富な私は世の混乱、紛争、貧困などの遠因を肌で感じることができる。これらの遠因の排除は、どうしたらできるのか。その法則を平松氏は「市民協働」という理念で市政に反映したい強い意欲があった。だから私は彼を推した。彼も私を「兄貴」と慕ってくれた。二人はそんな関係である。

先日、乗車中の地下鉄途中駅から、赤い帽子黄色い帽子の幼稚園児30人ほどが乗ってきた。実に可愛らしくほほえましく社内の空気がいっぺんに明るくなった。私ほどの高齢者になると、この園児たちが将来社会に出るころ、大阪はそして日本は本当に安心して暮らせる社会になっているのだろうか、不安である。

先の都構想住民投票で反対票が小差で勝ち都構想を葬った。あるテレビキャスターは、これを自分の現在の生活しか考えない高齢者の「シルバーデモクラシー」の結果だと短絡解説をしていた。とんでもない話だ。選挙の投票率は年齢が上がるほど高くなるのはなぜか。自分の生活不安ももちろんあるが殆どは、後世に暮らしやすい社会を残したいという強い希望があるからだと信じている。年齢を重ねることによる知恵は、変えていいもの悪いものを賢く選別する。

俳人松尾芭蕉が好んで使った「不易流行」という言葉は、俳句を詠むうえで、もともと基本にある言葉と新しい要素をほどほどに使えという意味だ。意訳していえば「世の中には変えていいこと悪いこと」があるということだと解釈する。橋下維新政治が「都構想」というとんでもない改悪を進めようとするのは、俳句の「五七五」の基本を無視して「五八八」や「六八六」にしてしまおうという愚かな考えである。生活経験の豊富な高齢者たちは、この企みを鋭く見抜き都構想を廃案にした。将来のこどもたちのために。

本書はこの企みを完全に抹殺し、将来の大阪、日本のために「不易流行」の正しく変えるべき要素と、変えてはならない部分を的確に判断し、本来の行政とは何かを考え続けた第18代大阪市長の平松邦夫が、維新の方向に大きな不安を感じて記したものである。読者の共感が得られればうれしい限りである。

私自身も維新の膨張には当然危惧の念をもっているが、他の既成政党や関連団体にもの申したいことがある。それは原点を見失うことのないよう政治の「五七五」を常に頭に置いてくれているのだろうかということ。こどもたちの将来のために是非とも良い「句」を詠んでいただきたい。

羽衣国際大学名誉教授　斎藤　努

〈学術論文〉

ブックレット『地域や暮らしはどうなる？大阪都構想を考える』（一般社団法人　大阪自治体問題研究所）――奈良女子大学教授・中山徹「大阪都構想で地域の暮らしはどうなる――大阪再生への道」、立命館大学教授・森裕之「橋下市長はなぜ大阪市を解体したいのか――『廃市政策』の『大阪都』構想」の全文が読めます。

http://www.oskjichi.or.jp/modules/topics/details.php?bid=123&cid=8

〈参考資料〉

投票広報　――大阪市発行の投票広報です。参考になります。（自民、公明、民主、共産の4党が統一紙面づくりをして、4月下旬に全戸配布された広報です。街頭でもこれを使って多くの人に訴える力になりました。政令指定都市大阪市をなくすことの危険性を訴える上で大きな力になりました。

http://www.city.osaka.lg.jp/contents/wdu240/jutou/kouhou.pdf

いわゆる「大阪都構想」をめぐる議論に関する資料は、インターネットの中に様々な角度から分析、解説されたものが、硬軟取り混ぜ、学術論文、団体の発信、個人の発信、動画での周知などあらゆる方法で発信されました。一方で、情報格差の底辺にいる方たちには届かなかった部分も多く見られます。しかし、これらの情報を確認することで、今後の地方行政・いのち暮らしを守る基本を考える上で大事なものは何か。住民投票での既成政党の枠組みを超えた動きが僅差の勝利につなげたという貴重な資料として、今後も情報の棚卸し作業と共に続ける必要があると感じました。

ここに紹介しきれないデータの数々は、皆さんが自主的に辿っていくことから「宝庫」にたどり着くことができると確信いたします。

「大阪都構想」関連データリンク集（解説　平松邦夫）

大阪都構想＝大阪市廃止・分割構想に際して多様な発信がなされました。SNSを中心にインターネットの世界では、従来のマスコミではフォローしきれない多くの情報が瞬時に世界を駆けめぐります。それと同時にこうした情報の在り処を記録しておくことが、必ず役に立つと思い、限られた範囲ではありますが、「倉庫」に入れます。なお、この作成にあたり、miirakansu's blogから情報を頂き、私も加筆させてもらいました。

〈ブログ・ウェブサイトなど〉

「大阪都」（大阪市廃止・分割）構想解説（大阪市政調査会）——立命館大学法学部教授の村上弘先生による「意見」のほか、雑誌『市政研究』などに掲載された検証論文のpdfがアップされています。これはすごい。
http://www.osaka-shisei.jp/osaka_to.html

大阪都構想を考える——藤井聡／京都大学大学院工学研究科教授のブログ発信の表紙です。
　中段にある「豊かな大阪をつくる～大阪市存続の住民決定を踏まえて～」には住民投票後のシンポジウムが動画、資料と共に掲載されています。
http://satoshi-fujii.com/

橋下市長の大阪都構想を、きちんと考えてみる（結さん）——橋下さんが府知事だった時代から「大阪都構想」について具体的な数字を根拠とした厚い検証を行なっておられます。
http://miniosaka.seesaa.net/

【著者略歴】
平松邦夫（ひらまつ・くにお）
1948（昭和23）年、尼崎生まれ。兵庫県立尼崎高校から同志社大学法学部法律学科入学。71年同大学を卒業。同年毎日放送（ＭＢＳ）入社。76年１月から1994年８月まで「ＭＢＳナウ」のニュースキャスターを務める。95年６月から３年間ニューヨーク支局長。2007年役員室長のとき、大阪市長選挙に出馬し当選、第18代大阪市長に就任。市長時代に掲げたキーワードは「市民協働」。11年、２期目を目指すも橋下徹現大阪市長に敗れる。12年「公共政策ラボ」を立ち上げ、代表に就任。シンポジウム、セミナーなどを開催。13年連続シンポジウムをまとめた『脱グローバル論』を講談社から出版。15年「大阪都構想反対票運動」を個人後援会「翔の会」として積極的に行った。その活動では多くのボランティアに支えられ、大阪市内を走り回る。

スペシャルサンクス／内田樹、釈徹宗、薬師院仁志、斎藤努

さらば！虚飾のトリックスター

2015年11月19日　第１刷発行

著　者　平松邦夫
発行者　唐津　隆
発行所　株式会社ビジネス社
〒162-0805　東京都新宿区矢来町114番地
神楽坂高橋ビル5F
電話　03-5227-1602　FAX　03-5227-1603
URL　http://www.business-sha.co.jp

〈カバーデザイン〉大谷昌稔
〈本文組版〉茂呂田剛（エムアンドケイ）
〈印刷・製本〉半七写真印刷工業株式会社
〈編集担当〉前田和男 斎藤明 濱田研吾（同文社）〈営業担当〉山口健志

ISBN978-4-8284-1849-0